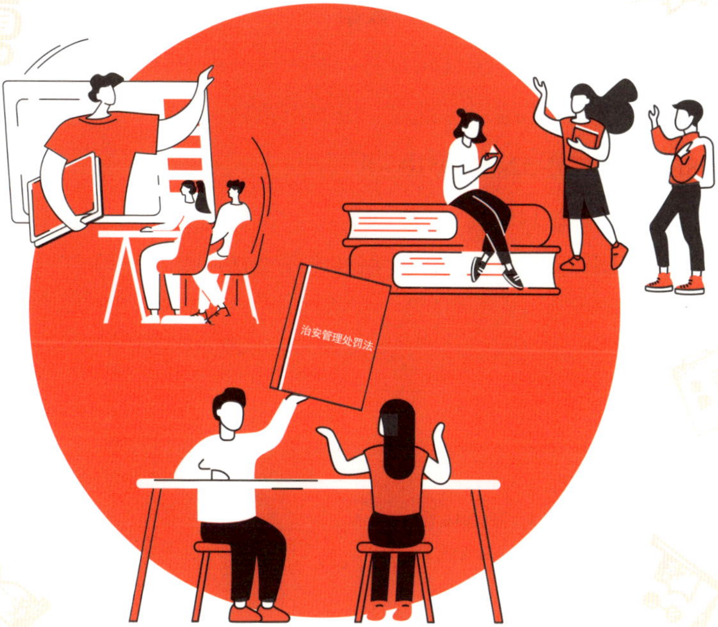

法律出版社司法实务中心 编

趣味故事版

治安管理处罚法
百问百答

图书在版编目（CIP）数据

治安管理处罚法百问百答：趣味故事版 / 法律出版社司法实务中心编. -- 北京：法律出版社，2025.
ISBN 978 - 7 - 5244 - 0510 - 8

Ⅰ. D922.145

中国国家版本馆 CIP 数据核字第 20252HU038 号

| 治安管理处罚法百问百答（趣味故事版）
ZHIAN GUANLI CHUFAFA BAI WEN BAI DA
（QUWEI GUSHI BAN） | 法律出版社司法
实务中心　编 | 策划编辑　周　洁　林　蕊
责任编辑　周　洁　林　蕊
装帧设计　鲍龙卉 |

出版发行　法律出版社　　　　　　　开本　880 毫米 × 1230 毫米　1/32
编辑统筹　司法实务出版分社　　　　印张　4.125　字数　96 千
责任校对　李慧艳　　　　　　　　　版本　2025 年 7 月第 1 版
责任印制　胡晓雅　　　　　　　　　印次　2025 年 7 月第 1 次印刷
经　　销　新华书店　　　　　　　　印刷　保定市中画美凯印刷有限公司

地址：北京市丰台区莲花池西里 7 号（100073）
网址：www.lawpress.com.cn　　　　销售电话：010 - 83938349
投稿邮箱：info@lawpress.com.cn　　客服电话：010 - 83938350
举报盗版邮箱：jbwq@lawpress.com.cn　咨询电话：010 - 63939796
版权所有·侵权必究

书号：ISBN 978 - 7 - 5244 - 0510 - 8　　　定价：28.00 元
凡购买本社图书，如有印装错误，我社负责退换。电话：010 - 83938349

编写说明

《治安管理处罚法》是一部与老百姓生活密切相关的法律，在维护社会治安秩序，保障公共安全，保护公民、法人和其他组织的合法权益等方面发挥着重要作用。

2025年6月，《治安管理处罚法》迎来一次重要修订，回应了我国社会治安管理领域出现的新情况、新问题，确认了治安管理工作中一些好的机制和做法，优化、完善了治安管理处罚程序。

为了给全社会学习《治安管理处罚法》提供好读、实用的普法读物，我们组织编写了这本《治安管理处罚法百问百答(趣味故事版)》。

本书针对《治安管理处罚法》广受关注的最新规定、常见问题，包括高空抛物、无人机"黑飞"、"正当防卫"、侵害个人信息权益等，进行了重点关注和介绍。

本书选取了与《治安管理处罚法》相关的100个常见问题，每个问题从四个方面展开：(1)**一句话问题**。该部分概括读者在生活中遇到的问题。(2)**普法故事**。本书通过讲故事的方式介绍法律的适用。这些故事改编自生活中的真实案例，既有利于读者学习理解《治安管理处罚法》，又便于大家学以致用，解决生活中的法律问题。(3)**法律链接**。该部分列举相关法律条文,方便读者直观学习、直接使用、自主思考,引导读者自己运用法律解决问题。(4)一句明了。我们用尽量简洁、朴实、易懂、好记的语言,在解答实际问题的过程中帮助读者全面学习掌握《治安管理处罚法》的核心内容。

希望本书的出版能够引起更多读者学习《治安管理处罚法》的兴趣,帮助大家培养遇事找法的习惯,让《治安管理处罚法》走到群众身边、走进群众心里。由于编者能力有限,本书难免存在疏漏和不尽如人意的地方,敬请读者批评指正。

编者

2025年6月

目 录 Contents

第一章 总则   001

1. 犯罪和违法的区别是什么？ / 003
2. 治安管理处罚应当遵循哪些原则？ / 004
3. 未成年人违反治安管理行为对他人造成损害的，应如何承担责任？ / 005
4. 违反治安管理行为人达成调解协议的，公安机关可以不予处罚吗？ / 006

第二章 处罚的种类和适用   007

5. 治安管理处罚的种类有哪些？ / 009
6. 未成年人违反治安管理的，是否应当受到治安管理处罚？ / 010
7. 精神病人、智力残疾人违反治安管理的，应当受到治安管理处罚吗？ / 011
8. 醉酒状态下违反治安管理的，是否可以免除治安管理处罚？ / 012
9. 本人没有违反治安管理，而是教唆他人违反的，是否应当受到治安管理处罚？ / 012
10. 为了免受正在进行的不法侵害而采取制止行为，造成损害的，属于违

反治安管理行为吗？/ 013

11. 主动向公安机关投案，并如实陈述自己违法行为的，会被从轻、减轻或者不予行政处罚吗？/ 015

12. 取得被侵害人谅解的，会被从轻、减轻或者不予行政处罚吗？/ 016

13. 自愿向公安机关如实陈述自己的违法行为，承认违法事实，愿意接受处罚的，可以减轻处罚吗？/ 017

14. 什么情形下，之前就有违法行为的人将被从重处罚？/ 017

15. 对于违反治安管理的未成年人，能否给予行政拘留处罚？/ 018

16. 对于因为年龄而不执行行政拘留处罚的未成年人，是否应当采取其他措施？/ 020

17. 违反治安管理行为在6个月以内没有被公安机关发现的，是否可以不用再处罚？/ 021

第三章　违反治安管理的行为和处罚　　023

第一节　扰乱公共秩序的行为和处罚 / 025

18. 扰乱医院秩序，致使医疗活动不能正常进行的，是否应当受到治安管理处罚？/ 025

19. 代替他人考试和让他人代替自己参加考试的，谁应当受到治安管理处罚？/ 026

20. 在大型体育、文化活动中强行进入场内的，是否应当受到治安管理处罚？/ 027

21. 报假警的，是否应当受到治安管理处罚？/ 028

22. 结伙斗殴的，将被处以何种治安管理处罚？ / 029

23. 任意损毁、占用公私财物的，将被处以何种治安管理处罚？ / 030

24. 侵入计算机信息系统，对计算机信息系统中存储的数据进行修改的，是否应受到治安管理处罚？ / 031

25. 参与传销活动的，是否应当受到治安管理处罚？ / 033

26. 以侮辱、诽谤或者其他方式侵害英雄烈士的姓名、肖像、名誉、荣誉的，是否应当受到治安管理处罚？ / 034

第二节　妨害公共安全的行为和处罚 / 036

27. 携带管制器具是否应当受到治安管理处罚？ / 036

28. 盗窃电信设施应当受到哪种治安管理处罚？ / 037

29. 强行进入飞机驾驶舱应当受到哪种治安管理处罚？ / 038

30. 在飞机上使用手机会受到治安管理处罚吗？ / 039

31. 故意向列车投掷物品的，应当受到哪种治安管理处罚？ / 040

32. 在火车驶来时强行抢越铁路道口，会受到治安管理处罚吗？ / 041

33. 未经批准安装电网，会受到治安管理处罚吗？ / 041

34. 升放携带明火的孔明灯，会受到治安管理处罚吗？ / 042

35. 从建筑物或者其他高空抛掷物品，会受到治安管理处罚吗？ / 043

36. 在禁飞时段内飞行民用无人机，应受到何种治安管理处罚？ / 045

第三节　侵犯人身权利、财产权利的行为和处罚 / 046

37. 诱骗不满16周岁的人进行恐怖、残忍表演的，应当如何处罚？ / 046

38. 非法搜查他人身体，应受到何种治安管理处罚？ / 047

39. 非法限制他人人身自由的，应受到何种治安管理处罚？/ 048

40. 写恐吓信威胁他人人身安全的，应受到何种治安管理处罚？/ 049

41. 公然侮辱他人或者捏造事实诽谤他人的，应受到何种治安管理处罚？/ 050

42. 捏造事实诬告陷害他人，企图使他人受到刑事追究或者受到治安管理处罚的，应当受到何种治安管理处罚？/ 052

43. 纠缠、跟踪他人，干扰他人正常生活的，应当受到何种治安管理处罚？/ 053

44. 偷窥、偷拍、窃听、散布他人隐私的，应当受到何种治安管理处罚？/ 054

45. 殴打他人的，应当受到何种治安管理处罚？/ 055

46. 殴打不满14周岁的人的，应当受到何种治安管理处罚？/ 056

47. 猥亵不满14周岁的人的，应当受到何种治安管理处罚？/ 057

48. 在公共场所故意裸露身体的，应当受到何种治安管理处罚？/ 059

49. 子女虐待老人的，应当受到何种治安管理处罚？/ 059

50. 监护人虐待未成年被监护人的，应当受到何种治安管理处罚？/ 060

51. 强迫他人提供服务或者强迫他人接受服务的，应当受到何种治安管理处罚？/ 062

52. 向他人出售或者提供个人信息的，应当受到何种治安管理处罚？/ 063

53. 冒领他人邮件、快件的，应当受到何种治安管理处罚？/ 064

54. 盗窃他人财物的，应当受到何种治安管理处罚？/ 065

55. 诈骗的，应当受到何种治安管理处罚？/ 066

56. 故意损毁公私财物的，应当受到何种治安管理处罚？/ 067

57. 班主任明知发生学生欺凌，不按规定报告或者处置的，是否应当受到治安管理处罚？/ 068

第四节 妨害社会管理的行为和处罚 / 070

58. 强行冲闯公安机关设置的检查点的，应当受到何种治安管理处罚？/ 070

59. 冒充国家工作人员招摇撞骗的，应当受到何种治安管理处罚？/ 071

60. 倒卖演唱会门票的，应当受到何种治安管理处罚？/ 072

61. 房屋出租人明知承租人利用出租房屋实施犯罪活动，不向公安机关报告的，应当受到何种治安管理处罚？/ 073

62. 明知是赃物而窝藏、转移或者代为销售的，应当受到何种治安管理处罚？/ 074

63. 偷开他人机动车的，应当受到何种治安管理处罚？/ 075

64. 嫖娼的，应当受到何种治安管理处罚？/ 076

65. 参与赌博的，应当受到何种治安管理处罚？/ 077

66. 介绍未成年人卖淫的，将受到何种处罚？/ 078

67. 利用信息网络传播涉及未成年人的淫秽信息的，将受到何种处罚？/ 079

68. 组织未成年人进行淫秽表演的，将受到何种处罚？/ 080

69. 欺骗未成年人吸食毒品的，将受到何种处罚？/ 081

70. 噪声扰民是治安管理违法行为吗？/ 083

71. 饲养烈性犬是违反治安管理行为吗？/ 084

72. 未对动物采取安全措施，致使动物伤害他人的，要承担什么责任？/ 085

第四章 处罚程序

第一节 调 查 / 089

73. 公安机关接到报案后，一般应当如何处理？/ 089

74. 公安机关通过刑讯逼供等非法手段收集的证据是否可以作为处罚的根据？/ 090

75. 公安机关向有关单位和个人收集、调取证据时，单位和个人应当如何做？/ 090

76. 人民警察在办理治安案件过程中，什么情况下需要回避？/ 091

77. 什么是传唤？什么是强制传唤？/ 092

78. 对违反治安管理行为人的询问查证时间是多长？/ 093

79. 询问不满18周岁的违反治安管理行为人时，有哪些特殊的法律程序？/ 094

80. 被侵害人可以选择被人民警察询问的地点吗？/ 095

81. 公安机关对妇女的人身进行检查时，需要遵循哪些规定？/ 096

第二节 决 定 / 098

82. 派出所是否有权作出拘留的治安管理处罚决定？/ 098

83. 违反治安管理行为人拒绝承认违反治安管理行为的，公安机关能否作出治安管理处罚决定？/ 099

84. 只有本人陈述，没有其他证据的，公安机关能否作出治安管理处罚决定？/ 099

85. 公安机关作出治安管理处罚决定前，违反治安管理行为人有哪些权利？/ 100

86. 公安机关对不满 18 周岁的违反治安管理行为人作出处罚决定前有哪些特殊的法律程序？/ 101

87. 违法事实不能成立的，公安机关应当如何处理？/ 102

88. 治安案件的被侵害人是否有权获得治安管理处罚决定书？/ 103

89. 什么情况下，违反治安管理行为人有权要求举行听证？/ 104

90. 公安机关对未成年人作出行政拘留的治安管理处罚决定前，应当履行何种程序？/ 105

91. 公安机关办理治安案件的期限是多长？/ 107

92. 治安管理处罚决定可以当场作出吗？/ 108

93. 对公安机关作出的治安管理处罚决定不服的，有哪些途径维护自己的权利？/ 108

第三节　执　　行 / 110

94. 行政拘留在哪里执行？/ 110

95. 受到罚款处罚的人如何缴纳罚款？/ 111

96. 被处罚人即将参加高考，是否可以暂缓执行行政拘留？/ 111

第五章　执法监督　　　　　　　　　　　113

97. 人民警察在办理治安案件过程中有违法违纪行为的，围观群众有权向相关部门检举吗？/ 115

98. 被处罚人是公职人员的，公安机关应当如何处理？/ 116

99. 违反治安管理时不满 18 周岁的人，其违反治安管理的记录会被公开吗？/ 116

第六章 附　则

100. 对《治安管理处罚法》修订之前实施的行为，修订之前的法律未明确规定，修订之后的法律规定属于违反治安管理行为的，是否要予以处罚？/ 121

第一章
总　　则

1. 犯罪和违法的区别是什么？

普法故事

小严买了一辆价值 900 元的自行车，每天骑车上下学，显得非常帅气。小宇非常喜欢小严的自行车，便趁小严不注意将车偷走，并隐藏起来，准备等"风头"过后，再改装一下自行车，将车据为己有。小宇的行为是违法还是犯罪？

法律链接

《治安管理处罚法》

第三条　扰乱公共秩序，妨害公共安全，侵犯人身权利、财产权利，妨害社会管理，具有社会危害性，依照《中华人民共和国刑法》的规定构成犯罪的，依法追究刑事责任；尚不够刑事处罚的，由公安机关依照本法给予治安管理处罚。

《刑法》

第十三条　【犯罪概念】一切危害国家主权、领土完整和安全，分裂国家、颠覆人民民主专政的政权和推翻社会主义制度，破坏社会秩序和经济秩序，侵犯国有财产或者劳动群众集体所有的财产，侵犯公民私人所有的财产，侵犯公民的人身权利、民主权利和其他权利，以及其他危害社会的行为，依照法律应当受刑罚处罚的，都是犯罪，但是情节显著轻微危害不大的，不认为是犯罪。

一句明了

判断是否构成犯罪，依据是《刑法》；判断是否违法，依据是《治安管理处罚法》。小宇的盗窃行为尚未达到《刑法》规定的盗窃罪的标准，不构成犯罪。但是，小宇的盗窃行为违反了《治安管理处罚法》的规定，应由公安机关给予治安管理处罚。

2. 治安管理处罚应当遵循哪些原则？

普法故事

王卷是一名程序员，收入很高，但工作强度和压力非常大。某天凌晨 1 点，王卷加完班刚走出写字楼，就接到领导要求其马上回去继续加班的电话。王卷突然情绪失控，砸坏了路边多个垃圾桶，毁坏了不少花草。事后，王卷向大厦所有权人道歉并支付了赔款，取得了其谅解。王卷的行为是否应当受到治安管理处罚？治安管理处罚应当遵循哪些原则？

法律链接

《治安管理处罚法》

第六条 治安管理处罚必须以事实为依据，与违反治安管理的事实、性质、情节以及社会危害程度相当。

实施治安管理处罚，应当公开、公正，尊重和保障人权，保护公民的人格尊严。

办理治安案件应当坚持教育与处罚相结合的原则，充分释法说理，教育公民、法人或者其他组织自觉守法。

一句明了

王卷初次违法，危害不大，并得到了受害人谅解，根据其违法的性质、情节和社会危害程度可以不予处罚。实施治安管理处罚，应当公开、公正、尊重和保障人权，保护公民的人格尊严。办理治安案件应当坚持教育与处罚相结合的原则，充分释法说理，教育公民、法人或者其他组织自觉守法。

3. 未成年人违反治安管理行为对他人造成损害的，应如何承担责任？

普法故事

赵某今年17周岁，平时横行霸道。一天在楼道里，钱某不小心踩到了赵某的脚，赵某顿时大怒，抡起拳头砸向钱某，打掉了钱某两颗门牙。赵某因故意伤害行为被公安机关处以1000元罚款的治安管理处罚。钱某要求赵某承担医疗费，但赵某认为公安机关已经对其作出处罚，不应再向钱某赔偿。赵某的想法正确吗？

法律链接

《治安管理处罚法》

第八条第一款 违反治安管理行为对他人造成损害的，除依照本法给予治安管理处罚外，行为人或者其监护人还应当依法承担民事责任。

《民法典》

第二十三条 无民事行为能力人、限制民事行为能力人的监护人是其法定代理人。

第一千一百八十八条 无民事行为能力人、限制民事行为能力人造成他人损害的，由监护人承担侵权责任。监护人尽到监护职责的，可以减轻其侵权责任。

有财产的无民事行为能力人、限制民事行为能力人造成他人损害的，从本人财产中支付赔偿费用；不足部分，由监护人赔偿。

一句明了

赵某被处以的1000元罚款属于行政处罚，是其违反《治安管理处罚法》应当承担的法律责任。该行政处罚不影响其对被侵害人承担的民事责任。因此，赵某应当承担对钱某的赔偿责任。根据《民法典》的规定，如果赵某有自己的财产，从其本人财产中支付赔偿费用；不足部分，由其监护人赔偿。如果赵某没有自己的财产，则由其监护人赔偿。

4. 违反治安管理行为人达成调解协议的，公安机关可以不予处罚吗？

普法故事

罗密和朱莉曾是一对情侣。罗密在与朱莉分手后不久，便交了新女友琴美。朱莉认为罗密在与自己交往的时候就与琴美恋爱，两人共同欺骗了她。愤怒之下，朱莉带着弟弟朱强找二人理论，话不投机便动起手来，双方都受了些皮外伤。经公安机关调解，双方达成调解协议。这种情况可以免除治安管理处罚吗？

法律链接

《治安管理处罚法》

第九条　对于因民间纠纷引起的打架斗殴或者损毁他人财物等违反治安管理行为，情节较轻的，公安机关可以调解处理。

调解处理治安案件，应当查明事实，并遵循合法、公正、自愿、及时的原则，注重教育和疏导，促进化解矛盾纠纷。

经公安机关调解，当事人达成协议的，不予处罚。经调解未达成协议或者达成协议后不履行的，公安机关应当依照本法的规定对违反治安管理行为作出处理，并告知当事人可以就民事争议依法向人民法院提起民事诉讼。

对属于第一款规定的调解范围的治安案件，公安机关作出处理决定前，当事人自行和解或者经人民调解委员会调解达成协议并履行，书面申请经公安机关认可的，不予处罚。

一句明了

本案属于因民间纠纷引起的打架斗殴，双方仅受了皮外伤，情节较轻，经公安机关调解，已经达成协议，公安机关应当不予处罚。

第二章
处罚的种类和适用

5. 治安管理处罚的种类有哪些？

普法故事

大亨是A足球队的忠实球迷，今天特地来到现场为A队助威。眼看A队就要获胜，不料其队长因对手大智恶意犯规受伤离场。大亨情绪失控，不停向大智的方向丢弃杂物。工作人员赶来劝阻，大亨说："怕什么？最多就是警察罚我点钱！"那么，治安管理处罚的种类有哪些呢？

法律链接

《治安管理处罚法》

第十条 治安管理处罚的种类分为：

（一）警告；

（二）罚款；

（三）行政拘留；

（四）吊销公安机关发放的许可证件。

对违反治安管理的外国人，可以附加适用限期出境或者驱逐出境。

一句明了

大亨扰乱足球比赛秩序，可被处以警告或者罚款；其向场内投掷杂物且不听制止的行为属于情节严重，应被处以拘留，可以并处罚款。公安机关在对大亨作出拘留处罚的同时，可责令其6个月至1年内不得进入体育场馆、演出场馆观看同类比赛、演出。需要说明的是，这种责令不属于治安管理处罚。

6. 未成年人违反治安管理的，是否应当受到治安管理处罚？

> **普法故事**

阮小三（17周岁）、阮小五（15周岁）、阮小七（13周岁）是叔伯兄弟。阮小七与同学拌嘴，彼此不服，约好了课后在公园打架一决胜负，阮小三、阮小五前来助阵。阮小三力大劲足，打伤三人；阮小五紧随其后，放倒二人；阮小七人小身不弱，打伤一人。三人会受到治安管理处罚吗？

> **法律链接**

《治安管理处罚法》

第十二条 已满十四周岁不满十八周岁的人违反治安管理的，从轻或者减轻处罚；不满十四周岁的人违反治安管理的，不予处罚，但是应当责令其监护人严加管教。

《刑法》

第十七条 【刑事责任年龄】已满十六周岁的人犯罪，应当负刑事责任。

已满十四周岁不满十六周岁的人，犯故意杀人、故意伤害致人重伤或者死亡、强奸、抢劫、贩卖毒品、放火、爆炸、投放危险物质罪的，应当负刑事责任。

已满十二周岁不满十四周岁的人，犯故意杀人、故意伤害罪，致人死亡或者以特别残忍手段致人重伤造成严重残疾，情节恶劣，经最高人民检察院核准追诉的，应当负刑事责任。

对依照前三款规定追究刑事责任的不满十八周岁的人，应当从轻或者减轻处罚。

因不满十六周岁不予刑事处罚的，责令其父母或者其他监护人加以管教；在必要的时候，依法进行专门矫治教育。

> **一句明了**

首先，根据《治安管理处罚法》的相关规定，阮小七未满14周岁，不予处罚；阮小三、阮小五已满14周岁不满18周岁，应当予以治安管理处罚，但应当从轻或者减轻处罚。其次，根据《刑法》的规定，阮小七、阮小五未满16周岁，且斗殴行为没有造成重伤或死亡后果，不负刑事责任；阮小三已满16周岁，应当承担刑事责任。

7. 精神病人、智力残疾人违反治安管理的，应当受到治安管理处罚吗？

普法故事

二喜是一名智力残疾人，其父母需要外出工作，平时只能把他一个人锁在屋子里。一天，二喜偷偷跑了出来，到处追逐小孩。看着小孩被吓得又跑又叫，二喜拍手傻笑。其间，一个小男孩想要制止他吓唬小朋友，反被二喜打伤。二喜应当受到治安管理处罚吗？

法律链接

《治安管理处罚法》

第十三条 精神病人、智力残疾人在不能辨认或者不能控制自己行为的时候违反治安管理的，不予处罚，但是应当责令其监护人加强看护管理和治疗。间歇性的精神病人在精神正常的时候违反治安管理的，应当给予处罚。尚未完全丧失辨认或者控制自己行为能力的精神病人、智力残疾人违反治安管理的，应当给予处罚，但是可以从轻或者减轻处罚。

一句明了

二喜是智力残疾人，其打伤他人虽构成违反治安管理行为，但是，智力残疾人在不能辨认或者不能控制自己行为的时候违反治安管理的，不应受到治安管理处罚。

8. 醉酒状态下违反治安管理的，是否可以免除治安管理处罚？

普法故事

老廖刚刚做成一单大生意，心情大好，于是约了几个朋友在大排档庆祝。朋友拼命灌老廖酒，老廖本来酒量不好，但是在朋友一声声"廖哥真牛"中迷失自我，很快烂醉如泥，醒来时才发现自己身旁坐着两名警察。原来，老廖喝醉了酒之后寻衅滋事，被侵害人报警寻求公安机关帮助。老廖对酒后做的事完全没有记忆，是否可以免除治安管理处罚呢？

法律链接

《治安管理处罚法》

第十五条　醉酒的人违反治安管理的，应当给予处罚。

醉酒的人在醉酒状态中，对本人有危险或者对他人的人身、财产或者公共安全有威胁的，应当对其采取保护性措施约束至酒醒。

一句明了

虽然老廖的违法行为发生在醉酒状态中，但是法律并不对醉酒的人免责。醉酒的人违反治安管理的，仍然应当受到处罚。

9. 本人没有违反治安管理，而是教唆他人违反的，是否应当受到治安管理处罚？

普法故事

秀才是某公司营销部门华东片区的负责人，因业绩竞争与华南片区负责人军师关系不睦。秀才想给军师"添添堵",但是又不想自己出面,于是怂恿手下小新捏造军师"收客户好处""跟客户关系暧昧"等不实信息进行诽谤。这些谣言传得沸沸扬扬,军师怒而报警。小新交代是受到秀才的教唆。小新和秀才谁应当受到治安管理处罚?

法律链接

《治安管理处罚法》

第十七条　共同违反治安管理的,根据行为人在违反治安管理行为中所起的作用,分别处罚。

教唆、胁迫、诱骗他人违反治安管理的,按照其教唆、胁迫、诱骗的行为处罚。

一句明了

在本案中,小新和秀才共同违反治安管理:(1)小新是实施诽谤行为的人,应当受到相应的治安管理处罚;(2)秀才是教唆人,应当按照其教唆的行为即诽谤行为受到相应的治安管理处罚。

10. 为了免受正在进行的不法侵害而采取制止行为,造成损害的,属于违反治安管理行为吗?

普法故事

张强是学校里有名的"小霸王",总是打骂同学,文若就是其中之一。某日放学后,张强以文若踩了他的脚为由要求文若向自己道歉。文若决定强硬一次,拒绝道歉。张强觉得丢了面子,动手就打了文若两巴掌,还不解气,又抡起书包砸向文若。文若抱住张强的腰顺势将其扑倒。张强的头磕到桌角,受了轻伤。文若的行为属于违反治安管理行为吗?

> **法律链接**

《治安管理处罚法》

第十九条 为了免受正在进行的不法侵害而采取的制止行为,造成损害的,不属于违反治安管理行为,不受处罚;制止行为明显超过必要限度,造成较大损害的,依法给予处罚,但是应当减轻处罚;情节较轻的,不予处罚。

《刑法》

第二十条 【正当防卫】为了使国家、公共利益、本人或者他人的人身、财产和其他权利免受正在进行的不法侵害,而采取的制止不法侵害的行为,对不法侵害人造成损害的,属于正当防卫,不负刑事责任。

正当防卫明显超过必要限度造成重大损害的,应当负刑事责任,但是应当减轻或者免除处罚。

对正在进行行凶、杀人、抢劫、强奸、绑架以及其他严重危及人身安全的暴力犯罪,采取防卫行为,造成不法侵害人伤亡的,不属于防卫过当,不负刑事责任。

> **一句明了**

文若受到张强的殴打,为了自己免受侵害,抱住对方的腰将其扑倒的行为并未明显超过必要限度,造成的损害结果不属于较大损害。文若的行为不属于违反治安管理行为,不应受到行政处罚。此外,我国《刑法》也规定,为了使国家、公共利益、本人或者他人的人身、财产和其他权利免受正在进行的不法侵害,而采取的制止不法侵害的行为,对不法侵害人造成损害的,属于正当防卫,不负刑事责任。

11. 主动向公安机关投案，并如实陈述自己违法行为的，会被从轻、减轻或者不予行政处罚吗？

普法故事

老高今年70多岁，有点神经衰弱，睡眠不好。楼下的小李总是很晚回家，还总是弄出很大声音，老高总被吵醒，整晚睡不着觉。老高找过小李几次，希望他能小声一点，小李却依然我行我素。老高对小李怀恨在心。一天，老高在路边看到小李的自行车，见四下无人，一时怒从心头起，把自行车踹坏了。事后，老高觉得自己的行为不妥当，担心被处罚，于是主动向公安机关投案，并如实陈述了自己的违法行为。老高的行为符合从轻、减轻或不予处罚的情形吗？

法律链接

《治安管理处罚法》

第二十条　违反治安管理有下列情形之一的，从轻、减轻或者不予处罚：

（一）情节轻微的；

（二）主动消除或者减轻违法后果的；

（三）取得被侵害人谅解的；

（四）出于他人胁迫或者诱骗的；

（五）主动投案，向公安机关如实陈述自己的违法行为的；

（六）有立功表现的。

一句明了

老高故意毁损公私财物，属于违反治安管理行为，应受到治安管理处罚，但其主动向公安机关投案，并如实陈述自己的违法行为，公安机关依法应当对其从轻、减轻或者不予处罚。

12. 取得被侵害人谅解的，会被从轻、减轻或者不予行政处罚吗？

普法故事

张三、李四和王五是厨师学校的同学，毕业后一起开了一家叫作"好兄弟"的饭店，生意火爆，远近闻名。张三觉得自己手艺最好，饭店红火都是自己的功劳，却要跟李四、王五一起分钱，自己吃了大亏，于是自己偷偷开了一家"好弟兄"饭店。李四、王五知道之后非常愤怒，打了张三一顿。事后，李四和王五认识到自己的错误，向张三赔礼道歉，取得张三谅解。李四和王五会被从轻、减轻或者不予行政处罚吗？

法律链接

《治安管理处罚法》

第二十条　违反治安管理有下列情形之一的，从轻、减轻或者不予处罚：

（一）情节轻微的；

（二）主动消除或者减轻违法后果的；

（三）取得被侵害人谅解的；

（四）出于他人胁迫或者诱骗的；

（五）主动投案，向公安机关如实陈述自己的违法行为的；

（六）有立功表现的。

一句明了

李四和王五殴打他人，尚未达到刑事犯罪标准，应当受到治安管理处罚，但因二人赔礼道歉，取得被侵害人张三的谅解，公安机关依法应当对其从轻、减轻或者不予处罚。

13. 自愿向公安机关如实陈述自己的违法行为，承认违法事实，愿意接受处罚的，可以减轻处罚吗？

普法故事

老严是某丝巾厂员工。一天，他发现库房的门敞开，也没人看管，就"拿"了几条丝巾送给家里人。后来库房盘点时发现少了货，调监控发现是老严偷的，于是向公安机关报案。老严被公安机关传唤后，自愿向公安机关如实陈述自己的违法行为，承认违法事实，愿意接受处罚。公安机关可以对老严减轻处罚吗？

法律链接

《治安管理处罚法》

第二十一条　违反治安管理行为人自愿向公安机关如实陈述自己的违法行为，承认违法事实，愿意接受处罚的，可以依法从宽处理。

一句明了

老严的行为构成盗窃，他自愿向公安机关如实陈述自己的违法行为，承认违法事实，并愿意接受处罚，公安机关可以依法对其从宽处理。这里的"从宽处理"包括从轻、减轻或免除处罚等。

14. 什么情形下，之前就有违法行为的人将被从重处罚？

普法故事

赖大喜欢"厂花"小美，表白被拒绝后仍不死心，不停给小美发送色情信息，并威胁说如果小美不跟他好，就让她在厂子里待不下去。小美无奈报警。公安机关对赖大处以 1000 元罚款。谁知赖大不知悔改，反而变本加厉：上班时在小美工作的地方大声辱骂，干扰她工作；下班后跟踪、拍照，并将照片发布到社交网站，对小美的生活造成了干扰。小美再次报警。此时，公安机关可以对赖大从重处罚吗？

法律链接

《治安管理处罚法》

第二十二条 违反治安管理有下列情形之一的，从重处罚：

（一）有较严重后果的；

（二）教唆、胁迫、诱骗他人违反治安管理的；

（三）对报案人、控告人、举报人、证人打击报复的；

（四）一年以内曾受过治安管理处罚的。

一句明了

赖大在被公安机关处以罚款的治安管理处罚后，不知悔改，在 1 年以内继续实施违反治安管理的违法行为，应当依法从重处罚。需要说明的是，"一年以内曾受过治安管理处罚"的规定，并不限制处罚的种类，只要在 1 年以内受到过《治安管理处罚法》第 10 条规定的处罚，之后又实施违反治安管理行为，都应当从重处罚。

15. 对于违反治安管理的未成年人，能否给予行政拘留处罚？

普法故事

大壮是一名高一学生，今年 17 周岁。大壮长得非常高大，也很早熟。一天深夜，大壮拦住一名独自下班回家的女性，将其带到偏僻的地方对其实施猥亵。大壮已满 14 周岁，应当被处以治安管理处罚。对大壮能否给予行政拘留处罚？

法律链接

《治安管理处罚法》

第二十三条　违反治安管理行为人有下列情形之一，依照本法应当给予行政拘留处罚的，不执行行政拘留处罚：

（一）已满十四周岁不满十六周岁的；

（二）已满十六周岁不满十八周岁，初次违反治安管理的；

（三）七十周岁以上的；

（四）怀孕或者哺乳自己不满一周岁婴儿的。

前款第一项、第二项、第三项规定的行为人违反治安管理情节严重、影响恶劣的，或者第一项、第三项规定的行为人在一年以内二次以上违反治安管理的，不受前款规定的限制。

《公安机关办理行政案件程序规定》

第一百五十七条　不满十四周岁的人有违法行为的，不予行政处罚，但是应当责令其监护人严加管教，并在不予行政处罚决定书中载明。已满十四周岁不满十八周岁的人有违法行为的，从轻或者减轻行政处罚。

一句明了

大壮属于已满16周岁不满18周岁的未成年人，初次违反治安管理且情节不严重，应当不执行行政拘留处罚。需要注意的是，对于未成年人，在以下情形下可以执行行政拘留处罚：(1)已满14周岁不满16周岁的行为人违反治安管理情节严重、影响恶劣的，或者1年以内2次以上违反治安管理的；(2)已满16周岁不满18周岁，初次违反治安管理但情节严重、影响恶劣的。

16. 对于因为年龄而不执行行政拘留处罚的未成年人，是否应当采取其他措施？

普法故事

大壮没有被执行行政拘留，他的胆子更大了，觉得法律也管不了他，可以为所欲为。于是，大壮更加肆无忌惮，不仅不听老师和父母的管教，反而经常夜不归宿，跟一群社会青年混在一起。那么，对于因为年龄而不执行行政拘留处罚的未成年人，是否应当采取其他措施呢？

法律链接

《治安管理处罚法》

第二十四条　对依照本法第十二条规定不予处罚或者依照本法第二十三条规定不执行行政拘留处罚的未成年人，公安机关依照《中华人民共和国预防未成年人犯罪法》的规定采取相应矫治教育等措施。

《预防未成年人犯罪法》

第三十一条　学校对有不良行为的未成年学生，应当加强管理教育，不得歧视；对拒不改正或者情节严重的，学校可以根据情况予以处分或者采取以下管理教育措施：

（一）予以训导；

（二）要求遵守特定的行为规范；

（三）要求参加特定的专题教育；

（四）要求参加校内服务活动；

（五）要求接受社会工作者或者其他专业人员的心理辅导和行为干预；

（六）其他适当的管理教育措施。

第三十二条 学校和家庭应当加强沟通，建立家校合作机制。学校决定对未成年学生采取管理教育措施的，应当及时告知其父母或者其他监护人；未成年学生的父母或者其他监护人应当支持、配合学校进行管理教育。

一句明了

对于大壮，不是"法律也管不了他"，而是应当给予其他的矫治教育措施等。根据《预防未成年人犯罪法》的规定，学校可以根据情况予以处分或者采取相应的管理教育措施。

17. 违反治安管理行为在 6 个月以内没有被公安机关发现的，是否可以不用再处罚？

普法故事

房哥拥有多套房产，他将其中一套房子连同车位出租给小柯。小柯退租房屋后却迟迟不将车开走。因为附近车位特别紧张，房哥多次催促小柯将车开走，均遭到拒绝。房哥一怒之下砸坏了小柯的车窗。7 个月后，小柯来开车时才发现并向公安机关报案。房哥会受到处罚吗？

法律链接

《治安管理处罚法》

第二十五条 违反治安管理行为在六个月以内没有被公安机关发现的，不再处罚。

前款规定的期限，从违反治安管理行为发生之日起计算；违反治安管理行为有连续或者继续状态的，从行为终了之日起计算。

《民法典》

第一百八十八条 向人民法院请求保护民事权利的诉讼时效期间为三年。

法律另有规定的，依照其规定。

诉讼时效期间自权利人知道或者应当知道权利受到损害以及义务人之日起计算。法律另有规定的，依照其规定。但是，自权利受到损害之日起超过二十年的，人民法院不予保护，有特殊情况的，人民法院可以根据权利人的申请决定延长。

第一千一百六十五条第一款 行为人因过错侵害他人民事权益造成损害的，应当承担侵权责任。

一句明了

房哥故意损毁公私财物，但这一违反治安管理行为在6个月以内没有被公安机关发现，因此，公安机关不再对房哥进行处罚。需要说明的是，虽然房哥不再承担行政责任，但其毁坏他人财物的侵权行为仍在民事诉讼时效内，房哥仍应当承担对小柯的民事赔偿责任。

第三章
违反治安管理的行为和处罚

第一节　扰乱公共秩序的行为和处罚

18. 扰乱医院秩序，致使医疗活动不能正常进行的，是否应当受到治安管理处罚？

普法故事

小雪在 A 医院接受治疗，但是病情一直没有好转；后转至其他医院，病治好了。小雪认为 A 医院赵医生医术不精，要求医院赔偿。医院则认为已经按照诊疗规范为小雪治疗，医院不存在过错。小雪每天在赵医生诊室门口大喊大叫，致使赵医生无法正常接诊。小雪是否应当受到治安管理处罚？

法律链接

《治安管理处罚法》

第二十六条　有下列行为之一的，处警告或者五百元以下罚款；情节较重的，处五日以上十日以下拘留，可以并处一千元以下罚款：

（一）扰乱机关、团体、企业、事业单位秩序，致使工作、生产、营业、医疗、教学、科研不能正常进行，尚未造成严重损失的；

（二）扰乱车站、港口、码头、机场、商场、公园、展览馆或者其他公共场所秩序的；

（三）扰乱公共汽车、电车、城市轨道交通车辆、火车、船舶、航空器或者其他公共交通工具上的秩序的；

（四）非法拦截或者强登、扒乘机动车、船舶、航空器以及其他交通工具，影响交通工具正常行驶的；

（五）破坏依法进行的选举秩序的。

聚众实施前款行为的，对首要分子处十日以上十五日以下拘留，可以并处二千元以下罚款。

一句明了

小雪故意扰乱医院秩序，导致赵医生的医疗活动无法正常进行，应当受到警告、罚款或者拘留的治安管理处罚。

19. 代替他人考试和让他人代替自己参加考试的，谁应当受到治安管理处罚？

普法故事

小石以全市第一的成绩考入某名牌大学。3 年后，他的弟弟小磊准备参加高考，但成绩非常差。小磊对小石说："哥哥，咱俩是亲兄弟，你能不能帮我一把，替我参加高考？你总不想看着自己的亲弟弟连大学都上不了吧！"小石因为疼爱弟弟，就同意了。小石和小磊谁应当受到治安管理处罚？

法律链接

《治安管理处罚法》

第二十七条　在法律、行政法规规定的国家考试中，有下列行为之一，扰乱考试秩序的，处违法所得一倍以上五倍以下罚款，没有违法所得或者违法所得不足一千元的，处一千元以上三千元以下罚款；情节较重的，处五日以上十五日以下拘留：

（一）组织作弊的；

（二）为他人组织作弊提供作弊器材或者其他帮助的；

(三)为实施考试作弊行为,向他人非法出售、提供考试试题、答案的;

(四)代替他人或者让他人代替自己参加考试的。

《刑法》

第二百八十四条之一第四款 【代替考试罪】代替他人或者让他人代替自己参加第一款规定的考试的,处拘役或者管制,并处或者单处罚金。

> **一句明了**

高考属于法律、行政法规规定的国家考试。小石代替他人参加考试、小磊让他人代替自己参加考试,都应当受到治安管理处罚。需要说明的是,代替他人或者让他人代替自己参加法律规定的国家考试,达到入罪标准的,构成代替考试罪,将受到刑事处罚。

20. 在大型体育、文化活动中强行进入场内的,是否应当受到治安管理处罚?

> **普法故事**

小袁是 T6 乐队的狂热粉丝。在观看 T6 乐队演唱会时,小袁情绪过于激动,直接冲上舞台搂住乐队主唱疯狂亲吻,导致现场秩序极度混乱,演出被迫暂停。小袁是否应当受到治安管理处罚?

> **法律链接**

《治安管理处罚法》

第二十八条 有下列行为之一,扰乱体育、文化等大型群众性活动秩序的,处警告或者五百元以下罚款;情节严重的,处五日以上十日以下拘留,可以并处一千元以下罚款:

(一)强行进入场内的;

(二)违反规定,在场内燃放烟花爆竹或者其他物品的;

（三）展示侮辱性标语、条幅等物品的；

（四）围攻裁判员、运动员或者其他工作人员的；

（五）向场内投掷杂物，不听制止的；

（六）扰乱大型群众性活动秩序的其他行为。

因扰乱体育比赛、文艺演出活动秩序被处以拘留处罚的，可以同时责令其六个月至一年以内不得进入体育场馆、演出场馆观看同类比赛、演出；违反规定进入体育场馆、演出场馆的，强行带离现场，可以处五日以下拘留或者一千元以下罚款。

一句明了

小袁强行进入演出区域，扰乱了大型群众性活动秩序，应当受到治安管理处罚。

21. 报假警的，是否应当受到治安管理处罚？

普法故事

S派出所接到报警称：有人在某KTV卖淫嫖娼。民警出警后发现该KTV大门紧闭，并未营业，遂找到报警人陈某了解情况。陈某称，其在凌晨2点得知4位朋友要去某KTV唱歌，因担心他们耽误早上帮自己接亲，遂报警捏造事实吓一吓他们。陈某是否应当受到治安管理处罚？

法律链接

《治安管理处罚法》

第二十九条　有下列行为之一的，处五日以上十日以下拘留，可以并处一千元以下罚款；情节较轻的，处五日以下拘留或者一千元以下罚款：

（一）故意散布谣言，谎报险情、疫情、灾情、警情或者以其他方法故意扰乱公共秩序的；

（二）投放虚假的爆炸性、毒害性、放射性、腐蚀性物质或者传染病病原体等危险物质扰乱公共秩序的；

（三）扬言实施放火、爆炸、投放危险物质等危害公共安全犯罪行为扰乱公共秩序的。

《刑法》

第二百九十一条之一第二款【编造、故意传播虚假信息罪】编造虚假的险情、疫情、灾情、警情，在信息网络或者其他媒体上传播，或者明知是上述虚假信息，故意在信息网络或者其他媒体上传播，严重扰乱社会秩序的，处三年以下有期徒刑、拘役或者管制；造成严重后果的，处三年以上七年以下有期徒刑。

> **一句明了**

陈某为阻止朋友前往娱乐场所，故意谎报警情，应当受到治安管理处罚。需要说明的是，编造虚假的险情、疫情、灾情、警情，在信息网络或者其他媒体上传播，或者明知是上述虚假信息仍故意传播，严重扰乱社会秩序的，可能构成编造、故意传播虚假信息罪，将受到刑事处罚。

22. 结伙斗殴的，将被处以何种治安管理处罚？

> **普法故事**

豹哥是县一中的学生，因痴迷武侠小说，纠集了三四个同学成立"豹子帮"并自封为"帮主"。一日，"豹子帮"成员小夏被同学小冬欺负后向豹哥哭诉，豹哥决定为小夏出头。小冬得知后也找了几个帮手，双方遂在小树林里斗殴。豹哥等人的行为是否违反治安管理，是否应当受到治安管理处罚？

法律链接

《治安管理处罚法》

第三十条 有下列行为之一的,处五日以上十日以下拘留或者一千元以下罚款;情节较重的,处十日以上十五日以下拘留,可以并处二千元以下罚款:

(一)结伙斗殴或者随意殴打他人的;

(二)追逐、拦截他人的;

(三)强拿硬要或者任意损毁、占用公私财物的;

(四)其他无故侵扰他人、扰乱社会秩序的寻衅滋事行为。

一句明了

豹哥等人的行为属于结伙斗殴,违反治安管理,应当受到相应的拘留、罚款处罚。

23. 任意损毁、占用公私财物的,将被处以何种治安管理处罚?

普法故事

小梁是一名大学生,在放假期间感到百无聊赖,突发奇想沿街寻找垃圾桶并点燃里面的垃圾,火势蔓延前又将其扑灭,以此取乐。小梁一共烧毁了8个垃圾桶,造成公共财产损失。小梁将面临何种治安管理处罚?

法律链接

《治安管理处罚法》

第三十条 有下列行为之一的,处五日以上十日以下拘留或者一千元以下罚款;情节较重的,处十日以上十五日以下拘留,可以并处二千元以下罚款:

(一)结伙斗殴或者随意殴打他人的;

（二）追逐、拦截他人的；

（三）强拿硬要或者任意损毁、占用公私财物的；

（四）其他无故侵扰他人、扰乱社会秩序的寻衅滋事行为。

《刑法》

第二百九十三条 【寻衅滋事罪】有下列寻衅滋事行为之一，破坏社会秩序的，处五年以下有期徒刑、拘役或者管制：

（一）随意殴打他人，情节恶劣的；

（二）追逐、拦截、辱骂、恐吓他人，情节恶劣的；

（三）强拿硬要或者任意损毁、占用公私财物，情节严重的；

（四）在公共场所起哄闹事，造成公共场所秩序严重混乱的。

纠集他人多次实施前款行为，严重破坏社会秩序的，处五年以上十年以下有期徒刑，可以并处罚金。

一句明了

小梁焚烧垃圾造成垃圾桶损毁的行为，属于任意损毁公私财物的违法行为，应当受到拘留、罚款处罚。需要说明的是，强拿硬要或者任意损毁、占用公私财物，情节严重的，可能构成寻衅滋事罪，将受到刑事处罚。

24. 侵入计算机信息系统，对计算机信息系统中存储的数据进行修改的，是否应受到治安管理处罚？

普法故事

白客是一名大学生，他将全部时间投入计算机技术研究，几乎不上课，导致多门课程成绩不合格。为了获得毕业证，白客非法侵入学校计算机信息系统,擅自将自己的成绩都改成合格,并帮助多名同学修改了成绩。白客是否应受到治安管理处罚?

法律链接

《治安管理处罚法》

第三十三条 有下列行为之一,造成危害的,处五日以下拘留;情节较重的,处五日以上十五日以下拘留:

(一)违反国家规定,侵入计算机信息系统或者采用其他技术手段,获取计算机信息系统中存储、处理或者传输的数据,或者对计算机信息系统实施非法控制的;

(二)违反国家规定,对计算机信息系统功能进行删除、修改、增加、干扰的;

(三)违反国家规定,对计算机信息系统中存储、处理、传输的数据和应用程序进行删除、修改、增加的;

(四)故意制作、传播计算机病毒等破坏性程序的;

(五)提供专门用于侵入、非法控制计算机信息系统的程序、工具,或者明知他人实施侵入、非法控制计算机信息系统的违法犯罪行为而为其提供程序、工具的。

《刑法》

第二百八十五条第二款 【非法获取计算机信息系统数据、非法控制计算机信息系统罪】违反国家规定,侵入前款规定以外的计算机信息系统或者采用其他技术手段,获取该计算机信息系统中存储、处理或者传输的数据,或者对该计算机信息系统实施非法控制,情节严重的,处三年以下有期徒刑或者拘役,并处或者单处罚金;情节特别严重的,处三年以上七年以下有期徒刑,并处罚金。

一句明了

黑客非法侵入学校计算机信息系统并实施数据篡改的行为,严重干扰了学校的正常教学管理秩序,应当受到拘留处罚。需要说明的是,情节严重,达到入罪标准的,构成非法获取计算机信息系统数据、非法控制计算机信息系统罪,行为人将受到刑事处罚。

25. 参与传销活动的,是否应当受到治安管理处罚?

普法故事

赵阿姨退休后闲着没事,好姐妹钱阿姨拉她一起卖保健品。钱阿姨让赵阿姨多发展些下线,说下线卖出保健品,赵阿姨也可以拿提成。赵阿姨同意了。但不久她就扭伤了腰,没有做成很多业务。后来听说钱阿姨因为组织、领导传销活动被公安机关拘留了,赵阿姨担心自己也要被拘留。那么,参与传销活动的,是否应当受到治安管理处罚呢?

法律链接

《治安管理处罚法》

第三十四条 组织、领导传销活动的,处十日以上十五日以下拘留;情节较轻的,处五日以上十日以下拘留。

胁迫、诱骗他人参加传销活动的,处五日以上十日以下拘留;情节较重的,处十日以上十五日以下拘留。

《刑法》

第二百二十四条之一 【组织、领导传销活动罪】组织、领导以推销商品、提供服务等经营活动为名,要求参加者以缴纳费用或者购买商品、服务等方式获得加入资格,并按照一定顺序组成层级,直接或者间接以发展人员的数量作为计酬或者返利依据，引诱、胁迫参加者继续发展他人参加，骗取财物，扰乱经济社会秩序的传销活动的，处五年以下有期徒刑或者拘役，并处罚金；情节严重的，处五年以上有期徒刑，并处罚金。

一句明了

钱阿姨作为传销活动的组织者，应当受到拘留的治安管理处罚；而赵阿姨仅仅是参与者，不应受到治安管理处罚。需要说明的是，情节严重，达到入罪标准的，构成组织、领导传销活动罪，组织者、领导者将受到刑事处罚。

26. 以侮辱、诽谤或者其他方式侵害英雄烈士的姓名、肖像、名誉、荣誉的，是否应当受到治安管理处罚？

普法故事

某历史类主播为提升流量，制作了"英雄揭秘"系列短视频，通过捏造事实对多位英雄烈士的经历进行恶意篡改，严重侵害了英雄烈士的姓名、肖像、名誉和荣誉，引发网友的极大不满，造成恶劣的社会影响。该主播是否应当受到治安管理处罚？

法律链接

《治安管理处罚法》

第三十五条　有下列行为之一的，处五日以上十日以下拘留或者一千元以上三千元以下罚款；情节较重的，处十日以上十五日以下拘留，可以并处五千元以下罚款：

（一）在国家举行庆祝、纪念、缅怀、公祭等重要活动的场所及周边管控区域，故意从事与活动主题和氛围相违背的行为，不听劝阻，造成不良社会影响的；

（二）在英雄烈士纪念设施保护范围内从事有损纪念英雄烈士环境和氛围的活动，不听劝阻的，或者侵占、破坏、污损英雄烈士纪念设施的；

（三）以侮辱、诽谤或者其他方式侵害英雄烈士的姓名、肖像、名誉、荣誉，损害社会公共利益的；

（四）亵渎、否定英雄烈士事迹和精神，或者制作、传播、散布宣扬、美化侵略战争、侵略行为的言论或者图片、音视频等物品，扰乱公共秩序的；

（五）在公共场所或者强制他人在公共场所穿着、佩戴宣扬、美化侵略战争、侵略行为的服饰、标志，不听劝阻，造成不良社会影响的。

《刑法》

第二百九十九条之一 【侵害英雄烈士名誉、荣誉罪】侮辱、诽谤或者以其他方式侵害英雄烈士的名誉、荣誉，损害社会公共利益，情节严重的，处三年以下有期徒刑、拘役、管制或者剥夺政治权利。

一句明了

该主播的行为侵害了英雄烈士的姓名、肖像、名誉和荣誉，应受到治安管理处罚。需要说明的是，侵害英雄烈士名誉、荣誉情节严重的，可能构成侵害英雄烈士名誉、荣誉罪，行为人将受到刑事处罚。

第二节　妨害公共安全的行为和处罚

27. 携带管制器具是否应当受到治安管理处罚？

普法故事

小武是一个军事迷，特别喜欢研究各种兵器。他通过网络学习了匕首的制作方法后，自己做了一把锋利的匕首并长期随身携带。某次通过安检时，小武的匕首被查获。小武认为匕首是自己制作的工艺品，自己不应受到处罚。那么，小武是否应当受到治安管理处罚呢？

法律链接

《治安管理处罚法》

第三十八条　非法携带枪支、弹药或者弩、匕首等国家规定的管制器具的，处五日以下拘留，可以并处一千元以下罚款；情节较轻的，处警告或者五百元以下罚款。

非法携带枪支、弹药或者弩、匕首等国家规定的管制器具进入公共场所或者公共交通工具的，处五日以上十日以下拘留，可以并处一千元以下罚款。

《刑法》

第一百三十条　【非法携带枪支、弹药、管制刀具、危险物品危及公共安全罪】非法携带枪支、弹药、管制刀具或者爆炸性、易燃性、放射性、毒害性、腐蚀性物品，进入公共场所或者公共交通工具，危及公共安全，情节严重的，处三年以下有期徒刑、拘役或者管制。

> **一句明了**

小武随身携带属于国家管制器具的匕首，应当受到治安管理处罚。需要说明的是，非法携带枪支、弹药、管制刀具等危险物品危及公共安全，情节严重的，可能构成非法携带枪支、弹药、管制刀具、危险物品危及公共安全罪，行为人将受到刑事处罚。

28. 盗窃电信设施应当受到哪种治安管理处罚？

> **普法故事**

小聪和小明沉迷网络游戏。因没钱充值，小聪提议二人共同盗窃电信设施并卖给废品站换钱。因为废品收购价格很低，他们的盗窃所得很少。但是，他们的盗窃行为损害了电信设施并危及公共安全。二人将面临哪种治安管理处罚？

> **法律链接**

《治安管理处罚法》

第三十九条 有下列行为之一的，处十日以上十五日以下拘留；情节较轻的，处五日以下拘留：

（一）盗窃、损毁油气管道设施、电力电信设施、广播电视设施、水利工程设施、公共供水设施、公路及附属设施或者水文监测、测量、气象测报、生态环境监测、地质监测、地震监测等公共设施，危及公共安全的；

（二）移动、损毁国家边境的界碑、界桩以及其他边境标志、边境设施或者领土、领海基点标志设施的；

（三）非法进行影响国（边）界线走向的活动或者修建有碍国（边）境管理的设施的。

> **一句明了**

小聪和小明盗窃电信设施的行为危及公共安全,应当受到拘留处罚。

29. 强行进入飞机驾驶舱应当受到哪种治安管理处罚?

> **普法故事**

王洪是一名猎奇类视频博主,总是喜欢拍一些新奇的视频。有粉丝表示没见过飞机驾驶舱内部,询问王洪能不能拍摄相关视频。于是,王洪在乘坐飞机时强行闯入飞机驾驶舱进行拍摄,事后还试图逃避处罚。王洪应当受到哪种治安管理处罚?

> **法律链接**

《治安管理处罚法》

第四十条 盗窃、损坏、擅自移动使用中的航空设施,或者强行进入航空器驾驶舱的,处十日以上十五日以下拘留。

在使用中的航空器上使用可能影响导航系统正常功能的器具、工具,不听劝阻的,处五日以下拘留或者一千元以下罚款。

盗窃、损坏、擅自移动使用中的其他公共交通工具设施、设备,或者以抢控驾驶操纵装置、拉扯、殴打驾驶人员等方式,干扰公共交通工具正常行驶的,处五日以下拘留或者一千元以下罚款;情节较重的,处五日以上十日以下拘留。

> **一句明了**

王洪强行进入飞机驾驶舱进行拍摄,应当被处以拘留的治安管理处罚。

30. 在飞机上使用手机会受到治安管理处罚吗？

普法故事

老常乘坐飞机时一直使用手机。突然，飞机遇到低能见度的情况，机组人员要求乘客关闭电子设备避免电子干扰。老常生气地大吼："我又不是第一次坐飞机了，以前都是能用手机的。你们这是故意给我找碴儿。我就是不关！"老常会受到治安管理处罚吗？

法律链接

《治安管理处罚法》

第四十条　盗窃、损坏、擅自移动使用中的航空设施，或者强行进入航空器驾驶舱的，处十日以上十五日以下拘留。

在使用中的航空器上使用可能影响导航系统正常功能的器具、工具，不听劝阻的，处五日以下拘留或者一千元以下罚款。

盗窃、损坏、擅自移动使用中的其他公共交通工具设施、设备，或者以抢控驾驶操纵装置、拉扯、殴打驾驶人员等方式，干扰公共交通工具正常行驶的，处五日以下拘留或者一千元以下罚款；情节较重的，处五日以上十日以下拘留。

一句明了

根据《机上便携式电子设备（PED）使用评估指南》，目前我国民航允许乘客在飞行过程中使用手机。但在低能见度飞行等特殊情况下，或当飞行机组发现电子干扰并怀疑干扰源自乘客电子设备时，飞行机组有权要求关闭相关设备；乘客应听从指令关闭设备电源，并安全存放设备。老常一开始使用手机的行为并不违法。但其在机组人员明确要求其关闭手机后仍拒不配合，其行为已违反航空安全规定，应当被处以治安管理处罚。

31. 故意向列车投掷物品的，应当受到哪种治安管理处罚？

普法故事

小马是一名上班族。某日，他需乘坐地铁参加一个很重要的会议，但当天早高峰人非常多，小马排队很久都没有坐上车。眼见就要迟到了，小马想插队却被其他乘客阻拦。小马突然情绪失控，将自己包里的手机、充电宝、笔记本等扔向列车，并大喊"我砸了这车，大家谁都别走了"。小马应当受到哪种治安管理处罚？

法律链接

《治安管理处罚法》

第四十一条　有下列行为之一的，处五日以上十日以下拘留，可以并处一千元以下罚款；情节较轻的，处五日以下拘留或者一千元以下罚款：

（一）盗窃、损毁、擅自移动铁路、城市轨道交通设施、设备、机车车辆配件或者安全标志的；

（二）在铁路、城市轨道交通线路上放置障碍物，或者故意向列车投掷物品的；

（三）在铁路、城市轨道交通线路、桥梁、隧道、涵洞处挖掘坑穴、采石取沙的；

（四）在铁路、城市轨道交通线路上私设道口或者平交过道的。

一句明了

小马故意向城市轨道交通列车抛掷物品，对列车的运行安全构成危害，应当受到拘留或者罚款的治安管理处罚。

32. 在火车驶来时强行抢越铁路道口，会受到治安管理处罚吗？

普法故事

　　大牛开车路过一个铁路道口时，防护栏杆已经放下，禁止车辆和行人通行。但由于有急事要处理，大牛见列车还没来，便心存侥幸，强行冲过防护栏杆。此时列车马上驶来，而且车速很快，大牛赶紧弃车逃生。逃过一劫的大牛会受到治安管理处罚吗？

法律链接

《治安管理处罚法》

　　第四十二条　擅自进入铁路、城市轨道交通防护网或者火车、城市轨道交通列车来临时在铁路、城市轨道交通线路上行走坐卧，抢越铁路、城市轨道，影响行车安全的，处警告或者五百元以下罚款。

一句明了

　　大牛明知火车即将驶来，仍然强行抢越铁路道口，给列车行驶造成危险，应当受到拘留或者罚款的治安管理处罚。

33. 未经批准安装电网，会受到治安管理处罚吗？

普法故事

　　大翁白手起家，成为远近闻名的富豪。他衣锦还乡后，在老家农村盖了一座豪华的院子，并在院墙周围安装了电网，挂上"有电，小心"的警示牌。实际上，他这样做只是为了吓唬坏人，使其不敢私自进入他的院子，电网没有通电，也没有伤人。这种行为会受到治安管理处罚吗？

> **法律链接**

《治安管理处罚法》

第四十三条 有下列行为之一的，处五日以下拘留或者一千元以下罚款；情节严重的，处十日以上十五日以下拘留，可以并处一千元以下罚款：

（一）未经批准，安装、使用电网的，或者安装、使用电网不符合安全规定的；

（二）在车辆、行人通行的地方施工，对沟井坎穴不设覆盖物、防围和警示标志的，或者故意损毁、移动覆盖物、防围和警示标志的；

（三）盗窃、损毁路面井盖、照明等公共设施的；

（四）违反有关法律法规规定，升放携带明火的升空物体，有发生火灾事故危险，不听劝阻的；

（五）从建筑物或者其他高空抛掷物品，有危害他人人身安全、公私财产安全或者公共安全危险的。

> **一句明了**

大翁未经批准私自安装电网，虽然并未通电使用，但其行为已构成违反治安管理行为，应当被处以拘留或者罚款的治安管理处罚。

34. 升放携带明火的孔明灯，会受到治安管理处罚吗？

> **普法故事**

阿敏的弟弟即将参加高考。阿敏听说放孔明灯能够得到诸葛孔明的庇佑，使人变得聪明，而且放得越高，效果越好。于是，阿敏来到山里（属森林防火区）升放携带明火的孔明灯为弟弟祈福。森林防火人员赶来劝阻，谁知阿敏不听，继续放孔明灯，还大嚷"谁也

第三章 违反治安管理的行为和处罚 /043

别想阻碍我弟弟高中！"阿敏的行为会受到治安管理处罚吗？

法律链接

《治安管理处罚法》

第四十三条 有下列行为之一的，处五日以下拘留或者一千元以下罚款；情节严重的，处十日以上十五日以下拘留，可以并处一千元以下罚款：

（一）未经批准，安装、使用电网的，或者安装、使用电网不符合安全规定的；

（二）在车辆、行人通行的地方施工，对沟井坎穴不设覆盖物、防围和警示标志的，或者故意损毁、移动覆盖物、防围和警示标志的；

（三）盗窃、损毁路面井盖、照明等公共设施的；

（四）违反有关法律法规规定，升放携带明火的升空物体，有发生火灾事故危险，不听劝阻的；

（五）从建筑物或者其他高空抛掷物品，有危害他人人身安全、公私财产安全或者公共安全危险的。

一句明了

阿敏在森林防火区升放携带明火的孔明灯，且拒不听从森林防火人员劝阻，将受到拘留或者罚款的治安管理处罚。

35. 从建筑物或者其他高空抛掷物品，会受到治安管理处罚吗？

普法故事

小田和小蜜是一对年轻夫妻，居住在大楼的28层。某日，两人发生争执。小田向小蜜扔了一只拖鞋，小蜜反手扔了一个靠垫，于是两人开始"大战"。因为窗户开着，两人扔的东西有不少落到了窗外，砸坏了楼下的一辆汽车。小田和小蜜会受到治安管理处罚吗？

> **法律链接**

《治安管理处罚法》

第四十三条 有下列行为之一的,处五日以下拘留或者一千元以下罚款;情节严重的,处十日以上十五日以下拘留,可以并处一千元以下罚款:

(一)未经批准,安装、使用电网的,或者安装、使用电网不符合安全规定的;

(二)在车辆、行人通行的地方施工,对沟井坎穴不设覆盖物、防围和警示标志的,或者故意损毁、移动覆盖物、防围和警示标志的;

(三)盗窃、损毁路面井盖、照明等公共设施的;

(四)违反有关法律法规规定,升放携带明火的升空物体,有发生火灾事故危险,不听劝阻的;

(五)从建筑物或者其他高空抛掷物品,有危害他人人身安全、公私财产安全或者公共安全危险的。

《民法典》

第一千二百五十四条 禁止从建筑物中抛掷物品。从建筑物中抛掷物品或者从建筑物上坠落的物品造成他人损害的,由侵权人依法承担侵权责任;经调查难以确定具体侵权人的,除能够证明自己不是侵权人的外,由可能加害的建筑物使用人给予补偿。可能加害的建筑物使用人补偿后,有权向侵权人追偿。

物业服务企业等建筑物管理人应当采取必要的安全保障措施防止前款规定情形的发生;未采取必要的安全保障措施的,应当依法承担未履行安全保障义务的侵权责任。

发生本条第一款规定的情形的,公安等机关应当依法及时调查,查清责任人。

一句明了

小田和小蜜应当受到拘留或者罚款的治安管理处罚。此外，二人还需对其行为造成的损害向被侵害人承担相应的民事赔偿责任。

36. 在禁飞时段内飞行民用无人机，应受到何种治安管理处罚？

普法故事

小天是一名无人机爱好者。某日，他购买的最新款 Y300 无人机到货。小天决定马上试试他的新装备。于是，他无视"xx 时段禁飞无人机"的告示，放飞无人机。小天在禁飞时段内未经许可私自放飞无人机，对空域安全造成了严重威胁。小天会受到何种治安管理处罚？

法律链接

《治安管理处罚法》

第四十六条　违反有关法律法规关于飞行空域管理规定，飞行民用无人驾驶航空器、航空运动器材，或者升放无人驾驶自由气球、系留气球等升空物体，情节较重的，处五日以上十日以下拘留。

飞行、升放前款规定的物体非法穿越国（边）境的，处十日以上十五日以下拘留。

一句明了

小天在禁飞时段飞行无人机，违反了《无人驾驶航空器飞行管理暂行条例》的规定，造成了严重的安全隐患，应当受到拘留的治安管理处罚。

第三节　侵犯人身权利、财产权利的行为和处罚

37. 诱骗不满16周岁的人进行恐怖、残忍表演的,应当如何处罚?

普法故事

大勇(15周岁)因家境贫寒,想在寒假期间多挣些钱。邻居闯哥对大勇说可以带大勇到大城市"卖艺"赚钱,大勇便同意了。谁知道,闯哥说的"卖艺"竟然十分危险:闯哥将大勇绑在一个大木盘上,蒙上眼睛朝大勇扔飞刀,好几次差点扎中大勇,引得观众连连惊呼。后来飞刀两次扎到了大勇的大腿致其血流不止。闯哥却说,"挂彩"更好,这样观众出钱多。闯哥是否应当受到治安管理处罚?

法律链接

《治安管理处罚法》

第四十七条　有下列行为之一的,处十日以上十五日以下拘留,并处一千元以上二千元以下罚款;情节较轻的,处五日以上十日以下拘留,并处一千元以下罚款:

(一)组织、胁迫、诱骗不满十六周岁的人或者残疾人进行恐怖、残忍表演的;

(二)以暴力、威胁或者其他手段强迫他人劳动的;

(三)非法限制他人人身自由、非法侵入他人住宅或者非法搜查他人身

体的。

> **一句明了**

闯哥以"卖艺"的名义诱骗大勇进行危险的飞刀表演，属于诱骗不满 16 周岁的人进行恐怖、残忍表演，公安机关应当对其按照上述规定处罚。

38. 非法搜查他人身体，应受到何种治安管理处罚？

> **普法故事**

韩某在某罐头厂工作。最近厂子里出现产品丢失事件，工厂保安加大了巡查力度。某日下班时，保安怀疑韩某偷东西，并将其带到了保卫处，强迫韩某脱下衣服接受检查。保安有权搜查韩某的身体吗？非法搜查他人身体，应受到何种治安管理处罚？

> **法律链接**

《治安管理处罚法》

第四十七条　有下列行为之一的，处十日以上十五日以下拘留，并处一千元以上二千元以下罚款；情节较轻的，处五日以上十日以下拘留，并处一千元以下罚款：

（一）组织、胁迫、诱骗不满十六周岁的人或者残疾人进行恐怖、残忍表演的；

（二）以暴力、威胁或者其他手段强迫他人劳动的；

（三）非法限制他人人身自由、非法侵入他人住宅或者非法搜查他人身体的。

《刑法》

第二百四十五条　【非法搜查罪】【非法侵入住宅罪】非法搜查他人身体、

住宅，或者非法侵入他人住宅的，处三年以下有期徒刑或者拘役。

司法工作人员滥用职权，犯前款罪的，从重处罚。

> 一句明了

保安无权搜查员工的身体。非法搜查他人身体的行为，侵犯了员工的合法权益，行为人应当受到拘留和罚款的治安管理处罚。需要说明的是，非法搜查他人身体，达到入罪标准的，构成非法搜查罪，行为人将受到刑事处罚。

39. 非法限制他人人身自由的，应受到何种治安管理处罚？

> 普法故事

小环为购买新款手机，向同事小勇借款 1 万元，约定 1 个月内归还。到期后小环无法还款，小勇一怒之下将小环带回自己家，要求小环想办法筹钱，什么时候筹到钱什么时候放小环走。小环只能向家人求助，一天内筹到钱还给了小勇，这才得以脱身。小勇应受到何种治安管理处罚？

> 法律链接

《治安管理处罚法》

第四十七条 有下列行为之一的，处十日以上十五日以下拘留，并处一千元以上二千元以下罚款；情节较轻的，处五日以上十日以下拘留，并处一千元以下罚款：

（一）组织、胁迫、诱骗不满十六周岁的人或者残疾人进行恐怖、残忍表演的；

（二）以暴力、威胁或者其他手段强迫他人劳动的；

（三）非法限制他人人身自由、非法侵入他人住宅或者非法搜查他人身体的。

《刑法》

第二百三十八条第一款 【非法拘禁罪】非法拘禁他人或者以其他方法非法剥夺他人人身自由的，处三年以下有期徒刑、拘役、管制或者剥夺政治权利。具有殴打、侮辱情节的，从重处罚。

一句明了

小勇为追讨债务，将小环关在自己家里，其行为已构成非法限制他人人身自由，应当受到拘留及罚款的治安管理处罚。需要说明的是，非法限制他人人身自由情节严重的，可能构成非法拘禁罪。

40. 写恐吓信威胁他人人身安全的，应受到何种治安管理处罚？

普法故事

朱某是一家公司的部门经理，总是遭到新上任的总经理的批评甚至解雇威胁。朱某不敢正面与总经理发生冲突，于是给他写匿名恐吓信。信中说总经理总是刻薄下属，声名狼藉，如果再针对部分员工，将找人收拾他。朱某应受到何种治安管理处罚？

法律链接

《治安管理处罚法》

第五十条 有下列行为之一的，处五日以下拘留或者一千元以下罚款；情节较重的，处五日以上十日以下拘留，可以并处一千元以下罚款：

（一）写恐吓信或者以其他方法威胁他人人身安全的；

（二）公然侮辱他人或者捏造事实诽谤他人的；

（三）捏造事实诬告陷害他人，企图使他人受到刑事追究或者受到治安管理处罚的；

（四）对证人及其近亲属进行威胁、侮辱、殴打或者打击报复的；

（五）多次发送淫秽、侮辱、恐吓等信息或者采取滋扰、纠缠、跟踪等方法，干扰他人正常生活的；

（六）偷窥、偷拍、窃听、散布他人隐私的。

有前款第五项规定的滋扰、纠缠、跟踪行为的，除依照前款规定给予处罚外，经公安机关负责人批准，可以责令其一定期限内禁止接触被侵害人。对违反禁止接触规定的，处五日以上十日以下拘留，可以并处一千元以下罚款。

一句明了

朱某写恐吓信给总经理，属于违反治安管理行为，应当被处以拘留或者罚款的治安管理处罚。

41. 公然侮辱他人或者捏造事实诽谤他人的，应受到何种治安管理处罚？

普法故事

小宝和小贝是小学一年级的同学。两人在学校发生争吵，小宝抓伤了小贝的脸。小贝回家告诉了妈妈，妈妈又气愤又心疼，在班级家长群里发语音对小宝及其家长进行辱骂，语言粗鄙、低俗。老师在群里劝阻，小贝妈妈却迁怒于老师，并编造小宝爸爸跟老师关系暧昧的谣言，诽谤小宝爸爸和老师。小贝妈妈应当受到何种治安管理处罚？

法律链接

《治安管理处罚法》

第五十条　有下列行为之一的，处五日以下拘留或者一千元以下罚款；情节较重的，处五日以上十日以下拘留，可以并处一千元以下罚款：

（一）写恐吓信或者以其他方法威胁他人人身安全的；

（二）公然侮辱他人或者捏造事实诽谤他人的；

（三）捏造事实诬告陷害他人，企图使他人受到刑事追究或者受到治安管理处罚的；

（四）对证人及其近亲属进行威胁、侮辱、殴打或者打击报复的；

（五）多次发送淫秽、侮辱、恐吓等信息或者采取滋扰、纠缠、跟踪等方法，干扰他人正常生活的；

（六）偷窥、偷拍、窃听、散布他人隐私的。

有前款第五项规定的滋扰、纠缠、跟踪行为的，除依照前款规定给予处罚外，经公安机关负责人批准，可以责令其一定期限内禁止接触被侵害人。对违反禁止接触规定的，处五日以上十日以下拘留，可以并处一千元以下罚款。

《刑法》

第二百四十六条　【侮辱罪】【诽谤罪】以暴力或者其他方法公然侮辱他人或者捏造事实诽谤他人，情节严重的，处三年以下有期徒刑、拘役、管制或者剥夺政治权利。

前款罪，告诉的才处理，但是严重危害社会秩序和国家利益的除外。

通过信息网络实施第一款规定的行为，被害人向人民法院告诉，但提供证据确有困难的，人民法院可以要求公安机关提供协助。

一句明了

小贝妈妈因情绪失控，在微信群里侮辱他人，并捏造事实诽谤他人，具备"公然性"的特征，已经构成违反治安管理行为，应当被处以拘留或者罚款的治安管理处罚。需要说明的是，以暴力或者其他方法公然侮辱他人，或者捏造事实诽谤他人，情节严重的，构成侮辱罪、诽谤罪，行为人可能会受到刑事处罚。

42. 捏造事实诬告陷害他人，企图使他人受到刑事追究或者受到治安管理处罚的，应当受到何种治安管理处罚？

普法故事

大王和小王是某事业单位的员工，两人同时竞聘部门主任一职。小王的资历、能力和群众基础都比大王差，他感觉自己没有什么胜算，于是捏造大王嫖娼的事实并向公安机关报案。公安机关很快查清楚事情真相。小王将受到何种治安管理处罚？

法律链接

《治安管理处罚法》

第五十条　有下列行为之一的，处五日以下拘留或者一千元以下罚款；情节较重的，处五日以上十日以下拘留，可以并处一千元以下罚款：

（一）写恐吓信或者以其他方法威胁他人人身安全的；

（二）公然侮辱他人或者捏造事实诽谤他人的；

（三）捏造事实诬告陷害他人，企图使他人受到刑事追究或者受到治安管理处罚的；

（四）对证人及其近亲属进行威胁、侮辱、殴打或者打击报复的；

（五）多次发送淫秽、侮辱、恐吓等信息或者采取滋扰、纠缠、跟踪等方法，干扰他人正常生活的；

（六）偷窥、偷拍、窃听、散布他人隐私的。

有前款第五项规定的滋扰、纠缠、跟踪行为的，除依照前款规定给予处罚外，经公安机关负责人批准，可以责令其一定期限内禁止接触被侵害人。对违反禁止接触规定的，处五日以上十日以下拘留，可以并处一千元以下罚款。

《刑法》

第二百四十三条　【诬告陷害罪】捏造事实诬告陷害他人，意图使他人受刑事追究，情节严重的，处三年以下有期徒刑、拘役或者管制；造成严重后果的，处三年以上十年以下有期徒刑。

国家机关工作人员犯前款罪的，从重处罚。

不是有意诬陷，而是错告，或者检举失实的，不适用前两款的规定。

一句明了

小王捏造大王嫖娼的事实并向公安机关举报，属于诬告陷害行为，且其诬告陷害的目的达到了使他人受到刑事追究或者受到治安管理处罚的标准，因此，小王应受到罚款或拘留的治安管理处罚。需要说明的是，捏造事实诬告陷害他人，意图使他人受到刑事追究，情节严重的，构成诬告陷害罪，行为人将受到刑事处罚。

43. 纠缠、跟踪他人，干扰他人正常生活的，应当受到何种治安管理处罚？

普法故事

小爱是某男明星的狂热粉丝，她每天的生活就是跟踪该男明星。男明星参加活动，她就冲上去献花、献吻；男明星回家或者去公司时，她会突然出现在门口，大声喊"我爱你"；男明星乘坐飞机时，她甚至会买票乘坐同一航班……小爱应当受到何种治安管理处罚？

法律链接

《治安管理处罚法》

第五十条 有下列行为之一的，处五日以下拘留或者一千元以下罚款；情节较重的，处五日以上十日以下拘留，可以并处一千元以下罚款：

（一）写恐吓信或者以其他方法威胁他人人身安全的；

（二）公然侮辱他人或者捏造事实诽谤他人的；

（三）捏造事实诬告陷害他人，企图使他人受到刑事追究或者受到治安管理处罚的；

（四）对证人及其近亲属进行威胁、侮辱、殴打或者打击报复的；

（五）多次发送淫秽、侮辱、恐吓等信息或者采取滋扰、纠缠、跟踪等方法，干扰他人正常生活的；

（六）偷窥、偷拍、窃听、散布他人隐私的。

有前款第五项规定的滋扰、纠缠、跟踪行为的，除依照前款规定给予处罚外，经公安机关负责人批准，可以责令其一定期限内禁止接触被侵害人。对违反禁止接触规定的，处五日以上十日以下拘留，可以并处一千元以下罚款。

一句明了

小爱应受到拘留或罚款的治安管理处罚。如果小爱的行为危及男明星的人身安全，经公安机关负责人批准，可以责令其在一定期限内禁止接触该男明星；小爱违反禁止接触规定的，对其处 5 日以上 10 日以下拘留，可以并处 1000 元以下罚款。

44. 偷窥、偷拍、窃听、散布他人隐私的，应当受到何种治安管理处罚？

普法故事

白老板和黄老板是商场竞争对手。由于黄老板总是胜白老板一筹，白老板心生怨恨。于是，白老板对黄老板实施偷拍、窃听等行为，想要发现黄老板的"秘密"。经过"不懈努力"，白老板终于发现黄老板已经离婚并且有了新的爱人，这与黄老板精心打造的"爱妻"儒商形象形成强烈反差。白老板向媒体透露了黄老板的"惊天秘密",引发了舆论对黄老板的谴责,黄老板的生意一落千丈。白老板应当受到何种治安管理处罚?

> **法律链接**

《治安管理处罚法》

第五十条 有下列行为之一的,处五日以下拘留或者一千元以下罚款;情节较重的,处五日以上十日以下拘留,可以并处一千元以下罚款:

(一)写恐吓信或者以其他方法威胁他人人身安全的;

(二)公然侮辱他人或者捏造事实诽谤他人的;

(三)捏造事实诬告陷害他人,企图使他人受到刑事追究或者受到治安管理处罚的;

(四)对证人及其近亲属进行威胁、侮辱、殴打或者打击报复的;

(五)多次发送淫秽、侮辱、恐吓等信息或者采取滋扰、纠缠、跟踪等方法,干扰他人正常生活的;

(六)偷窥、偷拍、窃听、散布他人隐私的。

有前款第五项规定的滋扰、纠缠、跟踪行为的,除依照前款规定给予处罚外,经公安机关负责人批准,可以责令其一定期限内禁止接触被侵害人。对违反禁止接触规定的,处五日以上十日以下拘留,可以并处一千元以下罚款。

> **一句明了**

白老板持续偷拍、窃听黄老板的隐私,并散布给媒体,侵犯了黄老板的隐私,应当受到拘留或者罚款的治安管理处罚。

45. 殴打他人的,应当受到何种治安管理处罚?

> **普法故事**

火哥和水哥在同一条马路上摆摊,火哥卖烧烤,水哥卖水果捞,相处融洽。后来水哥见火哥生意很好,也卖起了烧烤,火哥的生意受到很大影响。某日,两人争吵起来,火哥说水哥故意抢他生意,水哥说:"我就抢了,你有本事打我呀!"火哥一怒之下动手打了水哥。火哥应当受到何种治安管理处罚?

法律链接

《治安管理处罚法》

第五十一条第一款 殴打他人的,或者故意伤害他人身体的,处五日以上十日以下拘留,并处五百元以上一千元以下罚款;情节较轻的,处五日以下拘留或者一千元以下罚款。

《刑法》

第二百三十四条 【故意伤害罪】故意伤害他人身体的,处三年以下有期徒刑、拘役或者管制。

犯前款罪,致人重伤的,处三年以上十年以下有期徒刑;致人死亡或者以特别残忍手段致人重伤造成严重残疾的,处十年以上有期徒刑、无期徒刑或者死刑。本法另有规定的,依照规定。

一句明了

火哥故意殴打水哥,虽然水哥也有过错,但火哥的行为仍然构成违反治安管理行为,应当受到拘留、罚款的治安管理处罚。需要说明的是,故意伤害他人身体,达到入罪标准的,构成故意伤害罪,行为人将受到刑事处罚。

46. 殴打不满14周岁的人的,应当受到何种治安管理处罚?

普法故事

江某在红花小学门口开了一家文具店。某日,小龙(11周岁)

放学后来到该文具店买东西。小龙逛了很久，拿起不同的文具，看一看，又放下。由于江某店里最近总丢东西，他怀疑小龙偷文具，小龙坚持说自己没偷。江某一怒之下将小龙暴打一顿。江某将受到何种处罚？

法律链接

《治安管理处罚法》

第五十一条第二款 有下列情形之一的，处十日以上十五日以下拘留，并处一千元以上二千元以下罚款：

（一）结伙殴打、伤害他人的；

（二）殴打、伤害残疾人、孕妇、不满十四周岁的人或者七十周岁以上的人的；

（三）多次殴打、伤害他人或者一次殴打、伤害多人的。

一句明了

江某在小学门口开文具店，顾客大部分是不满 14 周岁的小学生。江某作为成年人，殴打不满 14 周岁的人，应当被处以 10 日以上 15 日以下拘留，并处 1000 元以上 2000 元以下罚款。

47. 猥亵不满 14 周岁的人的，应当受到何种治安管理处罚？

普法故事

小学六年级的学生小红（12 周岁）数学成绩很差，小红爸爸为她请了一名大学生家教老师白某。有一次补课的时候，白某突然将小红抱到腿上，并试图亲吻小红的脸蛋。小红害怕极了，大声哭了起来。白某害怕引来小红的家人而立即停止。白某将受到何种处罚？

法律链接

《治安管理处罚法》

第五十二条第一款　猥亵他人的,处五日以上十日以下拘留;猥亵精神病人、智力残疾人、不满十四周岁的人或者有其他严重情节的,处十日以上十五日以下拘留。

《未成年人保护法》

第五十四条　禁止拐卖、绑架、虐待、非法收养未成年人,禁止对未成年人实施性侵害、性骚扰。

禁止胁迫、引诱、教唆未成年人参加黑社会性质组织或者从事违法犯罪活动。

禁止胁迫、诱骗、利用未成年人乞讨。

《刑法》

第二百三十七条第三款　【猥亵儿童罪】猥亵儿童的,处五年以下有期徒刑;有下列情形之一的,处五年以上有期徒刑:

(一)猥亵儿童多人或者多次的;

(二)聚众猥亵儿童的,或者在公共场所当众猥亵儿童,情节恶劣的;

(三)造成儿童伤害或者其他严重后果的;

(四)猥亵手段恶劣或者有其他恶劣情节的。

一句明了

白某作为小红的家教老师,明知小红不满14周岁,还对其实施猥亵的行为,应当被处以10日以上15日以下拘留。需要说明的是,猥亵儿童,达到入罪标准的,构成猥亵儿童罪,行为人将受到刑事处罚。

48. 在公共场所故意裸露身体的，应当受到何种治安管理处罚？

> **普法故事**

郑义是第二中学的体育老师。最近好多同学向他反映，晚自习后总能在学校南边路口见到一个"怪叔叔"。他穿着一件很长的风衣，总是悄悄走近学生，然后敞开风衣，风衣里面没穿任何衣物。好多学生都会吓得大叫，而这个"怪叔叔"就会开心得大笑。郑义老师很生气，某天晚自习之后他见机抓住了这个"怪叔叔"并将他送到派出所。这个"怪叔叔"应当受到什么治安管理处罚？

> **法律链接**

《治安管理处罚法》

第五十二条第二款 在公共场所故意裸露身体隐私部位的，处警告或者五百元以下罚款；情节恶劣的，处五日以上十日以下拘留。

> **一句明了**

"怪叔叔"在城市路口向学生故意裸露身体隐私部位，应当被处以警告、罚款或者拘留的治安管理处罚。

49. 子女虐待老人的，应当受到何种治安管理处罚？

> **普法故事**

老肖今年 80 多岁，常年卧病在床，由他的女儿大肖长期照料。大肖觉得父亲偏心弟弟小肖，在照顾父亲的时候总是带着怨气，时常打骂老肖。一天，老肖连续三次尿湿裤子，大肖非常生气，动手打了老肖。老肖的脸都被打破了。大肖应当受到何种治安管理处罚?

法律链接

《治安管理处罚法》

第五十三条 有下列行为之一的,处五日以下拘留或者警告;情节较重的,处五日以上十日以下拘留,可以并处一千元以下罚款:

(一)虐待家庭成员,被虐待人或者其监护人要求处理的;

(二)对未成年人、老年人、患病的人、残疾人等负有监护、看护职责的人虐待被监护、看护的人的;

(三)遗弃没有独立生活能力的被扶养人的。

《刑法》

第二百六十条 【虐待罪】虐待家庭成员,情节恶劣的,处二年以下有期徒刑、拘役或者管制。

犯前款罪,致使被害人重伤、死亡的,处二年以上七年以下有期徒刑。

第一款罪,告诉的才处理,但被害人没有能力告诉,或者因受到强制、威吓无法告诉的除外。

一句明了

大肖作为老肖的女儿及主要看护人,其行为已构成虐待,应当被处以拘留、警告或者罚款的治安管理处罚。需要说明的是,虐待家庭成员,情节恶劣的,构成虐待罪,行为人将受到刑事处罚。

50. 监护人虐待未成年被监护人的,应当受到何种治安管理处罚?

普法故事

小草是一名小学生,父母离婚后,法院判决由母亲抚养小草。

母亲对前夫心怀怨恨，总是将不满情绪发泄到小草身上。每当小草做错事情，母亲就打她、骂她，有时候还不给她饭吃。小草的班主任发现后向公安机关报案。小草的母亲是否应当受到处罚？

法律链接

《民法典》

第三十四条第一款　监护人的职责是代理被监护人实施民事法律行为，保护被监护人的人身权利、财产权利以及其他合法权益等。

第三十六条　监护人有下列情形之一的，人民法院根据有关个人或者组织的申请，撤销其监护人资格，安排必要的临时监护措施，并按照最有利于被监护人的原则依法指定监护人：

（一）实施严重损害被监护人身心健康的行为；

（二）怠于履行监护职责，或者无法履行监护职责且拒绝将监护职责部分或者全部委托给他人，导致被监护人处于危困状态；

（三）实施严重侵害被监护人合法权益的其他行为。

本条规定的有关个人、组织包括：其他依法具有监护资格的人，居民委员会、村民委员会、学校、医疗机构、妇女联合会、残疾人联合会、未成年人保护组织、依法设立的老年人组织、民政部门等。

前款规定的个人和民政部门以外的组织未及时向人民法院申请撤销监护人资格的，民政部门应当向人民法院申请。

第一千零四十二条　禁止包办、买卖婚姻和其他干涉婚姻自由的行为。禁止借婚姻索取财物。

禁止重婚。禁止有配偶者与他人同居。

禁止家庭暴力。禁止家庭成员间的虐待和遗弃。

《未成年人保护法》

第十七条　未成年人的父母或者其他监护人不得实施下列行为：

（一）虐待、遗弃、非法送养未成年人或者对未成年人实施家庭暴力；……

《治安管理处罚法》

第五十三条 有下列行为之一的,处五日以下拘留或者警告;情节较重的,处五日以上十日以下拘留,可以并处一千元以下罚款:

(一)虐待家庭成员,被虐待人或者其监护人要求处理的;

(二)对未成年人、老年人、患病的人、残疾人等负有监护、看护职责的人虐待被监护、看护的人的;

(三)遗弃没有独立生活能力的被扶养人的。

一句明了

小草的母亲作为小草的监护人,本应保护小草,却成了伤害她的人。小草的母亲应被处以相应的治安管理处罚。同时,根据《民法典》的规定,法院可以根据有关个人或者组织的申请,撤销小草母亲的监护人资格,安排必要的临时监护措施,并按照最有利于被监护人的原则依法指定监护人。

51. 强迫他人提供服务或者强迫他人接受服务的,应当受到何种治安管理处罚?

普法故事

小丽看到一家新开的理发店推出 10 元理发的服务,于是进店理发。其间,理发师建议小丽做一个头皮护理项目,小丽觉得费用太高于是拒绝。理发师突然停止理发。两名彪形大汉出现在小丽面前,对小丽破口大骂,说小丽占便宜没够、心里没数,也不看看这是什么地方,今天要是不做头皮护理,就别想离开,边说边使劲拍桌子。小丽越看越害怕,只能花钱做了头皮护理。强迫他人接受服务的,应当受到什么处罚?

法律链接

《治安管理处罚法》

第五十四条 强买强卖商品,强迫他人提供服务或者强迫他人接受服务的,处五日以上十日以下拘留,并处三千元以上五千元以下罚款;情节较轻的,处五日以下拘留或者一千元以下罚款。

《刑法》

第二百二十六条 【强迫交易罪】以暴力、威胁手段,实施下列行为之一,情节严重的,处三年以下有期徒刑或者拘役,并处或者单处罚金;情节特别严重的,处三年以上七年以下有期徒刑,并处罚金:

(一)强买强卖商品的;

(二)强迫他人提供或者接受服务的;

(三)强迫他人参与或者退出投标、拍卖的;

(四)强迫他人转让或者收购公司、企业的股份、债券或者其他资产的;

(五)强迫他人参与或者退出特定的经营活动的。

一句明了

理发师及两名大汉强迫小丽做头皮护理服务的行为,属于强迫他人接受服务,应当受到拘留、罚款的治安管理处罚。需要说明的是,强迫交易,达到入罪标准的,可能构成强迫交易罪,行为人将受到刑事处罚。

52. 向他人出售或者提供个人信息的,应当受到何种治安管理处罚?

普法故事

罗某是某高校的行政老师,负责学生档案的管理工作。冯某是某公务员考试培训学校的招生负责人。冯某联系罗某,提出购买大三、大四学生的个人信息的要求。罗某觉得出售学生个人信息难以被发现且不会造成实际损害,就同意了。罗某应当受到何种治安管理处罚?

> **法律链接**

《治安管理处罚法》

第五十六条 违反国家有关规定,向他人出售或者提供个人信息的,处十日以上十五日以下拘留;情节较轻的,处五日以下拘留。

窃取或者以其他方法非法获取个人信息的,依照前款的规定处罚。

《刑法》

第二百五十三条之一 【侵犯公民个人信息罪】违反国家有关规定,向他人出售或者提供公民个人信息,情节严重的,处三年以下有期徒刑或者拘役,并处或者单处罚金;情节特别严重的,处三年以上七年以下有期徒刑,并处罚金。

违反国家有关规定,将在履行职责或者提供服务过程中获得的公民个人信息,出售或者提供给他人的,依照前款的规定从重处罚。

窃取或者以其他方法非法获取公民个人信息的,依照第一款的规定处罚。

单位犯前三款罪的,对单位判处罚金,并对其直接负责的主管人员和其他直接责任人员,依照各该款的规定处罚。

> **一句明了**

罗某作为高校的行政老师,将自己掌握的学生个人信息出售给他人,应当受到拘留的治安管理处罚。需要说明的是,若该行为情节严重,则构成侵犯公民个人信息罪,行为人将受到刑事处罚。

53. 冒领他人邮件、快件的,应当受到何种治安管理处罚?

> **普法故事**

娄尚和娄霞同住一栋楼,分别居住在602室和902室。快递员经常将二人的快递送错。娄尚很好奇娄霞的生活，将错就错地冒领了娄霞的好多快递并私自开拆查看。娄尚心情好的时候就退回快递，心情不好的时候就直接丢掉。娄尚应当受到何种治安管理处罚？

法律链接

《治安管理处罚法》

第五十七条　冒领、隐匿、毁弃、倒卖、私自开拆或者非法检查他人邮件、快件的，处警告或者一千元以下罚款；情节较重的，处五日以上十日以下拘留。

《刑法》

第二百五十二条　【侵犯通信自由罪】隐匿、毁弃或者非法开拆他人信件，侵犯公民通信自由权利，情节严重的，处一年以下有期徒刑或者拘役。

一句明了

娄尚冒领并私拆娄霞的快递，且存在毁弃行为，应当受到警告、罚款或者拘留的治安管理处罚。需要说明的是，隐匿、毁弃或者非法开拆他人信件，侵犯公民通信自由权利，情节严重的，构成侵犯通信自由罪，行为人将受到刑事处罚。

54. 盗窃他人财物的，应当受到何种治安管理处罚？

普法故事

阿莲很喜欢"芭娜娜"玩偶，但始终买不到。某天在地铁上，阿莲看到一个女孩包上挂着一个"芭娜娜"玩偶。她内心激动，虽明知偷东西不好，但又抑制不住对玩偶的喜爱。最终，阿莲趁着拥挤偷走了女孩的"芭娜娜"玩偶。阿莲应当受到何种治安管理处罚？

法律链接

《治安管理处罚法》

第五十八条　盗窃、诈骗、哄抢、抢夺或者敲诈勒索的,处五日以上十日以下拘留或者二千元以下罚款;情节较重的,处十日以上十五日以下拘留,可以并处三千元以下罚款。

《刑法》

第二百六十四条　【盗窃罪】盗窃公私财物,数额较大的,或者多次盗窃、入户盗窃、携带凶器盗窃、扒窃的,处三年以下有期徒刑、拘役或者管制,并处或者单处罚金;数额巨大或者有其他严重情节的,处三年以上十年以下有期徒刑,并处罚金;数额特别巨大或者有其他特别严重情节的,处十年以上有期徒刑或者无期徒刑,并处罚金或者没收财产。

一句明了

阿莲盗窃他人财物,应当被处以拘留或者罚款的治安管理处罚。需要说明的是,盗窃财物数额较大的,可能构成盗窃罪,行为人将受到刑事处罚。

55. 诈骗的,应当受到何种治安管理处罚?

普法故事

大民是某高校的学生。他发现同学们都很喜欢某歌手大A,于是谎称大A要来学校开校园歌迷见面会,向学生们出售门票,票价99元。多数学生对此表示怀疑,最终只有20名学生花钱买票。部分学生向校方核实后,大民的诈骗行为最终败露。大民应当受到何种治安管理处罚?

> **法律链接**

《治安管理处罚法》

第五十八条 盗窃、诈骗、哄抢、抢夺或者敲诈勒索的，处五日以上十日以下拘留或者二千元以下罚款；情节较重的，处十日以上十五日以下拘留，可以并处三千元以下罚款。

《刑法》

第二百六十六条 【诈骗罪】诈骗公私财物，数额较大的，处三年以下有期徒刑、拘役或者管制，并处或者单处罚金；数额巨大或者有其他严重情节的，处三年以上十年以下有期徒刑，并处罚金；数额特别巨大或者有其他特别严重情节的，处十年以上有期徒刑或者无期徒刑，并处罚金或者没收财产。本法另有规定的，依照规定。

> **一句明了**

大民虚构歌手举办歌迷见面会的事实，骗取学生钱财，构成诈骗。因涉案金额较小，该行为属于违反治安管理行为，大民应当受到拘留或者罚款的治安管理处罚。需要说明的是，如果诈骗数额较大，则触犯刑法，构成诈骗罪。

56. 故意损毁公私财物的，应当受到何种治安管理处罚？

> **普法故事**

小陈在一家咖啡店做兼职。遇到客流高峰，店内顾客排长队且外卖订单很多。顾客和外卖员一直催促小陈，小陈既着急又生气。一位顾客一直催促小陈，还说"再不给我做，我投诉你"。小陈情绪终于爆发，拿起工具疯狂砸向咖啡机，造成工具和咖啡机损坏。小陈应当受到何种治安管理处罚？

> **法律链接**

《治安管理处罚法》

第五十九条 故意损毁公私财物的,处五日以下拘留或者一千元以下罚款;情节较重的,处五日以上十日以下拘留,可以并处三千元以下罚款。

《刑法》

第二百七十五条 【故意毁坏财物罪】故意毁坏公私财物,数额较大或者有其他严重情节的,处三年以下有期徒刑、拘役或者罚金;数额巨大或者有其他特别严重情节的,处三年以上七年以下有期徒刑。

> **一句明了**

小陈故意损毁店内物品的行为,构成违反治安管理行为,应当被处以拘留、罚款的治安管理处罚。需要说明的是,故意毁坏公私财物,数额较大或者有其他严重情节的,构成故意毁坏财物罪,行为人将受到刑事处罚。

57. 班主任明知发生学生欺凌,不按规定报告或者处置的,是否应当受到治安管理处罚?

> **普法故事**

小郝一直是班里的第一名,很受老师偏爱;小平成绩一般,在班里没有什么存在感。小郝向小平表白遭到拒绝后由爱生恨,不仅经常辱骂小平,当众扇小平耳光,还联合同学孤立小平,一起嘲笑、戏弄小平。小平将自己的经历告诉了班主任并向他求助。班主任却因为小郝成绩优秀袒护他,责怪小平不好好学习,还警告小平不要再告诉别的老师。班主任应当受到治安管理处罚吗?

法律链接

《治安管理处罚法》

第六十条第二款 学校违反有关法律法规规定，明知发生严重的学生欺凌或者明知发生其他侵害未成年学生的犯罪，不按规定报告或者处置的，责令改正，对其直接负责的主管人员和其他直接责任人员，建议有关部门依法予以处分。

一句明了

班主任在明知发生校园欺凌事件的情况下，既没有及时报告，也没有采取合理、有效的处置措施，违反了《治安管理处罚法》等法律的规定，公安机关应当建议有关部门依法对其予以处分。

第四节　妨害社会管理的行为和处罚

58. 强行冲闯公安机关设置的检查点的，应当受到何种治安管理处罚？

普法故事

小亮成功预约了某博物馆门票，前往参观必须经过某广场的公安机关检查点进行身份核验。到达某广场时，小亮才发现忘记带身份证了，而回去拿就会错过预约时间。小亮不想错过预约时间，于是直接冲过检查点向博物馆飞奔，被执勤民警当场拦截。小亮应当受到何种治安管理处罚？

法律链接

《治安管理处罚法》

第六十一条　有下列行为之一的，处警告或者五百元以下罚款；情节严重的，处五日以上十日以下拘留，可以并处一千元以下罚款：

（一）拒不执行人民政府在紧急状态情况下依法发布的决定、命令的；

（二）阻碍国家机关工作人员依法执行职务的；

（三）阻碍执行紧急任务的消防车、救护车、工程抢险车、警车或者执行上述紧急任务的专用船舶通行的；

（四）强行冲闯公安机关设置的警戒带、警戒区或者检查点的。

阻碍人民警察依法执行职务的，从重处罚。

一句明了

小亮忘记携带身份证，为了避免公安机关检查，强行冲闯公安机关设置的检查点，应当被处以警告、罚款或者拘留的治安管理处罚。

59. 冒充国家工作人员招摇撞骗的，应当受到何种治安管理处罚？

普法故事

老牛为了儿子能当兵，四处求人，经人介绍认识了自称国家工作人员的边某。边某称，老牛儿子当兵的事情自己就能解决，只要老牛"意思意思"，给几千块钱就行。老牛寻思，这么大的事儿，几千块钱就能解决？于是对边某展开调查，发现边某的身份是伪造的。边某应当受到何种治安管理处罚？

法律链接

《治安管理处罚法》

第六十二条 冒充国家机关工作人员招摇撞骗的，处十日以上十五日以下拘留，可以并处一千元以下罚款；情节较轻的，处五日以上十日以下拘留。

冒充军警人员招摇撞骗的，从重处罚。

盗用、冒用个人、组织的身份、名义或者以其他虚假身份招摇撞骗的，处五日以下拘留或者一千元以下罚款；情节较重的，处五日以上十日以下拘留，可以并处一千元以下罚款。

《刑法》

第二百七十九条 【招摇撞骗罪】冒充国家机关工作人员招摇撞骗的，处三年以下有期徒刑、拘役、管制或者剥夺政治权利；情节严重的，处三年以上十年以下有期徒刑。

冒充人民警察招摇撞骗的，依照前款的规定从重处罚。

第三百七十二条 【冒充军人招摇撞骗罪】冒充军人招摇撞骗的,处三年以下有期徒刑、拘役、管制或者剥夺政治权利;情节严重的,处三年以上十年以下有期徒刑。

一句明了

边某冒充国家工作人员招摇撞骗,社会影响较小且未实际获利,应当受到拘留的治安管理处罚。需要说明的是,《刑法》还规定了招摇撞骗罪和冒充军人招摇撞骗罪,符合入罪条件的,行为人将受到刑事处罚。

60. 倒卖演唱会门票的,应当受到何种治安管理处罚?

普法故事

小李是一名程序员,他非常喜欢 A 乐队,但总是抢不到他们的演唱会门票。他决定借助技术手段,便设计了一个抢票程序,从此百抢百中。小李觉得这是一条生财之道,于是通过自己设计的程序购买演唱会门票并倒卖获利。小李的行为应当受到何种治安管理处罚?

法律链接

《治安管理处罚法》

第六十三条 有下列行为之一的,处十日以上十五日以下拘留,可以并处五千元以下罚款;情节较轻的,处五日以上十日以下拘留,可以并处三千元以下罚款:

(一)伪造、变造或者买卖国家机关、人民团体、企业、事业单位或者其他组织的公文、证件、证明文件、印章的;

(二)出租、出借国家机关、人民团体、企业、事业单位或者其他组织的公文、证件、证明文件、印章供他人非法使用的；

（三）买卖或者使用伪造、变造的国家机关、人民团体、企业、事业单位或者其他组织的公文、证件、证明文件、印章的；

（四）伪造、变造或者倒卖车票、船票、航空客票、文艺演出票、体育比赛入场券或者其他有价票证、凭证的；

（五）伪造、变造船舶户牌，买卖或者使用伪造、变造的船舶户牌，或者涂改船舶发动机号码的。

一句明了

小李通过自己设计的程序购买演唱会门票并倒卖，应当受到拘留、罚款的治安管理处罚。

61. 房屋出租人明知承租人利用出租房屋实施犯罪活动，不向公安机关报告的，应当受到何种治安管理处罚？

普法故事

"包租公"早年购置了一批门面房，依靠收房租过日子。因为房产众多，他在出租后便不再过问。一天，邻居提醒他，他的房子被租客用来开小理发店，实际上是在进行卖淫活动，劝他赶紧向公安机关报告。"包租公"却笑着说："我哪有那么傻呀？他们生意越好，我租金越高。我为啥举报我的'财神爷'呀？""包租公"应当受到何种治安管理处罚？

法律链接

《治安管理处罚法》

第六十八条　房屋出租人将房屋出租给身份不明、拒绝登记身份信息的人的，或者不按规定登记承租人姓名、有效身份证件种类和号码等信息，处五百元以上一千元以下罚款;情节较轻的,处警告或者五百元以下罚款。

房屋出租人明知承租人利用出租房屋实施犯罪活动,不向公安机关报告的,处一千元以上三千元以下罚款;情节严重的,处五日以下拘留,可以并处三千元以上五千元以下罚款。

一句明了

"包租公"明知承租人利用出租房屋实施卖淫的犯罪活动,却为了租金利益不向公安机关报告,应当受到罚款或者拘留的治安管理处罚。

62. 明知是赃物而窝藏、转移或者代为销售的,应当受到何种治安管理处罚?

普法故事

小草是某二手交易平台的"达人",每周能交易数百件二手物品。小华是小草的初中同学,想让小草帮忙卖一批"潮玩"。小草问:"你这不会是假货吧?别砸了我牌子。"小华说:"你放心,这是我一帮兄弟直接从他们公司库房偷出来的。"小草觉得卖"潮玩"利润高、流量大,最终同意代售。小草应当受到何种治安管理处罚?

法律链接

《治安管理处罚法》

第七十二条 有下列行为之一的,处五日以上十日以下拘留,可以并处一千元以下罚款;情节较轻的,处警告或者一千元以下罚款:

(一)隐藏、转移、变卖、擅自使用或者损毁行政执法机关依法扣押、查封、冻结、扣留、先行登记保存的财物的;

（二）伪造、隐匿、毁灭证据或者提供虚假证言、谎报案情，影响行政执法机关依法办案的；

（三）明知是赃物而窝藏、转移或者代为销售的；

（四）被依法执行管制、剥夺政治权利或者在缓刑、暂予监外执行中的罪犯或者被依法采取刑事强制措施的人，有违反法律、行政法规或者国务院有关部门的监督管理规定的行为的。

《刑法》

第三百一十二条 【掩饰、隐瞒犯罪所得、犯罪所得收益罪】明知是犯罪所得及其产生的收益而予以窝藏、转移、收购、代为销售或者以其他方法掩饰、隐瞒的，处三年以下有期徒刑、拘役或者管制，并处或者单处罚金；情节严重的，处三年以上七年以下有期徒刑，并处罚金。

单位犯前款罪的，对单位判处罚金，并对其直接负责的主管人员和其他直接责任人员，依照前款的规定处罚。

一句明了

小草明知小华让其代为销售的"潮玩"是盗窃所得赃物，为谋取利益仍代为销售，该行为已构成违反治安管理行为，应当受到拘留、罚款或者警告的治安管理处罚。需要说明的是，明知是犯罪所得及其产生的收益而予以窝藏、转移、收购、代为销售或者以其他方法掩饰、隐瞒，达到入罪标准的，构成掩饰、隐瞒犯罪所得、犯罪所得收益罪，行为人将受到刑事处罚。

63. 偷开他人机动车的，应当受到何种治安管理处罚？

普法故事

小齐是个汽车发烧友。某天，他在单位停车场发现一辆新款轿车，车窗没关，车钥匙也没拔。小齐心痒难耐，想着"都是同事，开一下应该也没啥"，就上车试驾。小齐觉得在停车场开不过瘾，还把车开到了马路上，结果被一辆自行车剐蹭。轿车车主非常生气，不仅要求小齐赔偿损失，还要求公安机关对他进行治安管理处罚。小齐应当受到何种治安管理处罚？

法律链接

《治安管理处罚法》

第七十六条 有下列行为之一的，处一千元以上二千元以下罚款；情节严重的，处十日以上十五日以下拘留，可以并处二千元以下罚款：

（一）偷开他人机动车的；

（二）未取得驾驶证驾驶或者偷开他人航空器、机动船舶的。

一句明了

小齐偷开他人机动车且造成了损失，已构成违反治安管理行为，应当受到罚款或者拘留的治安管理处罚。

64. 嫖娼的，应当受到何种治安管理处罚？

普法故事

小黄正在准备考研，压力非常大，无处排遣。他向同学大柳倾诉，大柳说："你需要放松一下，我带你去一个好地方。"于是，大柳带着小黄来到某KTV，唱歌后点了两个"小姐"准备嫖娼，结果被公安机关当场抓获。小黄和大柳应当受到何种治安管理处罚？

法律链接

《治安管理处罚法》

第七十八条 卖淫、嫖娼的,处十日以上十五日以下拘留,可以并处五千元以下罚款;情节较轻的,处五日以下拘留或者一千元以下罚款。

在公共场所拉客招嫖的,处五日以下拘留或者一千元以下罚款。

一句明了

小黄和大柳嫖娼,应当受到拘留、罚款的治安管理处罚。

65. 参与赌博的,应当受到何种治安管理处罚?

普法故事

某事业单位的领导老钱喜欢打麻将,总是在午饭后叫上几个同事一起打麻将。时间长了,老钱觉得没意思,就提议大家玩点钱。有人说:"这是赌博吧?"老钱却说:"小赌怡情,咱们就玩十块、二十块的。"谁知越玩越大,有时候一个人一中午就能输赢几百元。老钱等人应当受到何种治安管理处罚?

法律链接

《治安管理处罚法》

第八十二条 以营利为目的,为赌博提供条件的,或者参与赌博赌资较大的,处五日以下拘留或者一千元以下罚款;情节严重的,处十日以上十五日以下拘留,并处一千元以上五千元以下罚款。

一句明了

老钱等人在工作时间、工作场所以打麻将的形式赌博,赌资较大,应当受到拘留、罚款的治安管理处罚。

66. 介绍未成年人卖淫的，将受到何种处罚？

> 普法故事

蓉蓉今年 16 岁。蓉蓉的母亲觉得女孩子读那么多书没有用，便不让蓉蓉上高中，而是让她直接工作。蓉蓉在一家美容院工作。美容院老板阿黄觉得蓉蓉长得很漂亮，于是对蓉蓉说："你在美容院给人洗头，赚不了多少钱，不如我给你介绍几个客人，你提供'特殊服务'，这样来钱快。"蓉蓉涉世未深，抵御不了诱惑，便开始卖淫。阿黄将受到何种处罚？

> 法律链接

《治安管理处罚法》

第七十九条 引诱、容留、介绍他人卖淫的，处十日以上十五日以下拘留，可以并处五千元以下罚款；情节较轻的，处五日以下拘留或者一千元以上二千元以下罚款。

《刑法》

第三百五十九条 【引诱、容留、介绍卖淫罪】引诱、容留、介绍他人卖淫的，处五年以下有期徒刑、拘役或者管制，并处罚金；情节严重的，处五年以上有期徒刑，并处罚金。

【引诱幼女卖淫罪】引诱不满十四周岁的幼女卖淫的，处五年以上有期徒刑，并处罚金。

> 一句明了

阿黄引诱并介绍未成年人蓉蓉卖淫，行为恶劣，应当被处以行政拘留，可能被并处罚款，具体应当由公安机关结合案件情况决定。

需要说明的是,《刑法》还规定了引诱、容留、介绍卖淫罪和引诱幼女卖淫罪,符合入罪条件的,行为人将受到刑事处罚。

67. 利用信息网络传播涉及未成年人的淫秽信息的,将受到何种处罚?

普法故事

魏某开办了一个黄色网站,但是"经营"效果不好。有人建议他搞点儿"特色",于是魏某在网站上开设了"未成年人淫秽视频"专区,想以此提高浏览量。后来魏某经举报被公安机关依法查处,魏某将受到何种处罚?

法律链接

《未成年人保护法》

第五十二条 禁止制作、复制、发布、传播或者持有有关未成年人的淫秽色情物品和网络信息。

《治安管理处罚法》

第八十条 制作、运输、复制、出售、出租淫秽的书刊、图片、影片、音像制品等淫秽物品或者利用信息网络、电话以及其他通讯工具传播淫秽信息的,处十日以上十五日以下拘留,可以并处五千元以下罚款;情节较轻的,处五日以下拘留或者一千元以上三千元以下罚款。

前款规定的淫秽物品或者淫秽信息中涉及未成年人的,从重处罚。

《刑法》

第三百六十四条第一款 【传播淫秽物品罪】传播淫秽的书刊、影片、音像、图片或者其他淫秽物品,情节严重的,处二年以下有期徒刑、拘役或者管制。

第四款 向不满十八周岁的未成年人传播淫秽物品的,从重处罚。

一句明了

魏某开办的黄色网站含有涉及未成年人的淫秽信息,已经构成违法,应当按照规定从重处罚。需要说明的是,情节严重,达到入罪标准的,可能构成传播淫秽物品罪,行为人将受到刑事处罚。

68. 组织未成年人进行淫秽表演的,将受到何种处罚?

普法故事

姚某是一家校外艺术培训机构的老板,他以带领初中学生参与高级别、高水准文艺演出为名,向学生教授淫秽动作,并组织学生进行淫秽表演。后来有学生家长发现并报案。姚某将受到何种处罚?

法律链接

《治安管理处罚法》

第八十一条 有下列行为之一的,处十日以上十五日以下拘留,并处一千元以上二千元以下罚款:

(一)组织播放淫秽音像的;

(二)组织或者进行淫秽表演的;

(三)参与聚众淫乱活动的。

明知他人从事前款活动,为其提供条件的,依照前款的规定处罚。

组织未成年人从事第一款活动的,从重处罚。

《刑法》

第三百六十五条 【组织淫秽表演罪】组织进行淫秽表演的,处三年以下有期徒刑、拘役或者管制,并处罚金;情节严重的,处三年以上十年以下有期徒刑，并处罚金。

> **一句明了**

姚某组织未成年人进行淫秽表演的行为已构成违法，依法应当从重处罚。姚某应当被处以 15 日拘留，并被处以 2000 元罚款。需要说明的是，组织进行淫秽表演，达到入罪标准的，可能构成组织淫秽表演罪，行为人将受到刑事处罚。

69. 欺骗未成年人吸食毒品的，将受到何种处罚？

> **普法故事**

杜某是一名高三学生（17 周岁），因高考压力过大出现了精神恍惚的情况。杜某的表哥胡某是社会闲散人员，平时有吸食毒品的习惯。胡某对杜某说："我给你点儿好东西，让你放松一下。"于是杜某开始吸食毒品。杜某越吸越上瘾后，质问胡某，才知道被欺骗吸食了毒品。胡某将受到何种处罚？

> **法律链接**

《治安管理处罚法》

第八十五条第一款 引诱、教唆、欺骗或者强迫他人吸食、注射毒品的，处十日以上十五日以下拘留，并处一千元以上五千元以下罚款。

《刑法》

第三百五十三条 【引诱、教唆、欺骗他人吸毒罪】引诱、教唆、欺骗他人吸食、注射毒品的，处三年以下有期徒刑、拘役或者管制，并处罚金；情节严重的，处三年以上七年以下有期徒刑，并处罚金。

【强迫他人吸毒罪】强迫他人吸食、注射毒品的，处三年以上十年以下有期徒刑,并处罚金。

引诱、教唆、欺骗或者强迫未成年人吸食、注射毒品的,从重处罚。

《预防未成年人犯罪法》

第三十八条 本法所称严重不良行为,是指未成年人实施的有刑法规定、因不满法定刑事责任年龄不予刑事处罚的行为,以及严重危害社会的下列行为:

......

(七)吸食、注射毒品,或者向他人提供毒品;

......

第四十一条 对有严重不良行为的未成年人,公安机关可以根据具体情况,采取以下矫治教育措施:

(一)予以训诫;

(二)责令赔礼道歉、赔偿损失;

(三)责令具结悔过;

(四)责令定期报告活动情况;

(五)责令遵守特定的行为规范,不得实施特定行为、接触特定人员或者进入特定场所;

(六)责令接受心理辅导、行为矫治;

(七)责令参加社会服务活动;

(八)责令接受社会观护,由社会组织、有关机构在适当场所对未成年人进行教育、监督和管束;

(九)其他适当的矫治教育措施。

一句明了

胡某欺骗杜某,使杜某在不知情的情况下吸食毒品,应当按照规定处罚,即对胡某处以拘留、罚款。需要注意的是,如果情节较重,则可能构成引诱、教唆、欺骗他人吸毒罪,行为人将受到刑事处罚。另外,虽然杜某吸食毒品不构成违法,但是吸毒行为本身是《预防未成年人犯罪法》规定的"严重不良行为",公安机关可以对其采取矫治教育措施。

70. 噪声扰民是治安管理违法行为吗?

普法故事

小朋和朋友都很喜欢摇滚乐,他们经常在周末晚上相约到小朋家里举办摇滚派对,有时甚至持续到凌晨,严重干扰了周围居民的正常生活。虽然物业、居委会多次上门劝阻,但小朋依然我行我素。最终邻居忍无可忍,只能报警。小朋的行为属于违反治安管理行为吗?

法律链接

《治安管理处罚法》

第八十八条 违反关于社会生活噪声污染防治的法律法规规定,产生社会生活噪声,经基层群众性自治组织、业主委员会、物业服务人、有关部门依法劝阻、调解和处理未能制止,继续干扰他人正常生活、工作和学习的,处五日以下拘留或者一千元以下罚款;情节严重的,处五日以上十日以下拘留,可以并处一千元以下罚款。

一句明了

小朋经常在夜间开摇滚派对制造噪声,严重影响了周边居民的生活,经物业、居委会多次劝阻后仍继续干扰他人,该行为已构成违反治安管理行为。小朋应当被处以拘留、罚款的治安管理处罚。

71. 饲养烈性犬是违反治安管理行为吗？

普法故事

毛先生特别喜欢藏獒，在明知某市禁止饲养藏獒的情况下，仍偷偷在家里饲养。时间长了，他觉得这个事儿没人管，胆子也大了起来，不仅不再藏着，还经常带藏獒到人多的地方遛弯，甚至吓哭过小区的小孩。毛先生的行为属于违反治安管理行为吗？

法律链接

《治安管理处罚法》

第八十九条　饲养动物，干扰他人正常生活的，处警告；警告后不改正的，或者放任动物恐吓他人的，处一千元以下罚款。

违反有关法律、法规、规章规定，出售、饲养烈性犬等危险动物的，处警告；警告后不改正的，或者致使动物伤害他人的，处五日以下拘留或者一千元以下罚款；情节较重的，处五日以上十日以下拘留。

未对动物采取安全措施，致使动物伤害他人的，处一千元以下罚款；情节较重的，处五日以上十日以下拘留。

驱使动物伤害他人的，依照本法第五十一条的规定处罚。

一句明了

毛先生违反有关法律法规，饲养藏獒这种烈性犬，属于违反治安管理行为，应当被处以相应的治安管理处罚。

72. 未对动物采取安全措施，致使动物伤害他人的，要承担什么责任？

普法故事

花奶奶养了一只柴犬叫小花。小花膘肥体壮，总是吓到小区居民。有人好心提醒花奶奶给它套上遛狗绳。花奶奶总说："我家小花最乖了，从不伤人。"一天，邻居小宝在小区院子里跑，惊吓到了小花，小花咬伤了小宝。花奶奶应当承担什么责任？

法律链接

《治安管理处罚法》

第八十九条　饲养动物，干扰他人正常生活的，处警告；警告后不改正的，或者放任动物恐吓他人的，处一千元以下罚款。

违反有关法律、法规、规章规定，出售、饲养烈性犬等危险动物的，处警告；警告后不改正的，或者致使动物伤害他人的，处五日以下拘留或者一千元以下罚款；情节较重的，处五日以上十日以下拘留。

未对动物采取安全措施，致使动物伤害他人的，处一千元以下罚款；情节较重的，处五日以上十日以下拘留。

驱使动物伤害他人的，依照本法第五十一条的规定处罚。

《民法典》

第一千二百四十六条　违反管理规定，未对动物采取安全措施造成他人损害的，动物饲养人或者管理人应当承担侵权责任；但是，能够证明损害是因被侵权人故意造成的，可以减轻责任。

一句明了

花奶奶未对小花采取安全措施,致使其伤害他人,属于违反治安管理行为,应当被处以拘留或者罚款。同时,花奶奶还要对小宝承担民事赔偿责任。

第四章
处罚程序

第四章

身言書判

第一节 调 查

73. 公安机关接到报案后，一般应当如何处理？

普法故事

老张跟老李一起喝酒，边喝边谈起之前的事情。老张被勾起伤心事，一气之下将老李打伤。老李向公安机关报案，希望公安机关能够将老张绳之以法。但是，公安机关没有立即回复。老李想知道，公安机关接到报案之后一般应当如何处理？

法律链接

《治安管理处罚法》

第九十条 公安机关对报案、控告、举报或者违反治安管理行为人主动投案，以及其他国家机关移送的违反治安管理案件，应当立即立案并进行调查；认为不属于违反治安管理行为的，应当告知报案人、控告人、举报人、投案人，并说明理由。

一句明了

对于老李的报案，公安机关应当立即立案并进行调查；经调查如果认为老张的行为构成违反治安管理行为的，则将对其作出治安管理处罚；认为老张的行为不属于违反治安管理行为的，则应当告知老李，并说明理由。

74. 公安机关通过刑讯逼供等非法手段收集的证据是否可以作为处罚的根据?

普法故事

虫哥因涉嫌猥亵妇女被公安机关调查。负责调查的警官正义感特别强,最见不得这种欺负女人的男人,再加上虫哥拒不配合调查,还嬉皮笑脸。警官气愤地说:"老子给你上点儿手段,不信你小子不招!"被刑讯逼供后,虫哥交代了违法过程。虫哥的交代可以作为处罚的根据吗?

法律链接

《治安管理处罚法》

第九十一条 公安机关及其人民警察对治安案件的调查,应当依法进行。

严禁刑讯逼供或者采用威胁、引诱、欺骗等非法手段收集证据。

以非法手段收集的证据不得作为处罚的根据。

一句明了

公安机关对虫哥进行刑讯逼供获得的证据,属于以非法手段收集的证据,不能作为处罚的根据。

75. 公安机关向有关单位和个人收集、调取证据时,单位和个人应当如何做?

普法故事

刘老师是某高校某年级的辅导员。一天,警察来到学校向他调查班里学生小贾晚上溜出宿舍打架斗殴的事情。当时恰逢学校本科教学工作水平评估期间，刘老师担心小贾打架斗殴受到处罚会影响学校评估，便谎称当天他专门查过学生考勤，小贾当天没有离开过宿舍。刘老师的做法正确吗？他应该怎么做？

法律链接

《治安管理处罚法》

第七十二条　有下列行为之一的，处五日以上十日以下拘留，可以并处一千元以下罚款；情节较轻的，处警告或者一千元以下罚款：

……

（二）伪造、隐匿、毁灭证据或者提供虚假证言、谎报案情，影响行政执法机关依法办案的；

……

第九十二条　公安机关办理治安案件，有权向有关单位和个人收集、调取证据。有关单位和个人应当如实提供证据。

公安机关向有关单位和个人收集、调取证据时，应当告知其必须如实提供证据，以及伪造、隐匿、毁灭证据或者提供虚假证言应当承担的法律责任。

一句明了

刘老师的做法不正确。公安机关向刘老师收集证据时，他应当如实供述。

76. 人民警察在办理治安案件过程中，什么情况下需要回避？

普法故事

老汤是一名人民警察，在办理一起盗窃案件时，被违反治安管理行为人要求回避，理由是这人偷的是老汤儿子小汤的财物。老汤拍着胸脯说:"我都是老警察了,一定会公事公办的,请领导相信我。"老汤应当回避吗?

法律链接

《治安管理处罚法》

第九十五条 人民警察在办理治安案件过程中,遇有下列情形之一的,应当回避;违反治安管理行为人、被侵害人或者其法定代理人也有权要求他们回避:

(一)是本案当事人或者当事人的近亲属的;

(二)本人或者其近亲属与本案有利害关系的;

(三)与本案当事人有其他关系,可能影响案件公正处理的。

人民警察的回避,由其所属的公安机关决定;公安机关负责人的回避,由上一级公安机关决定。

一句明了

在这起案件中,老汤的近亲属是案件被侵害人,符合"是本案当事人或者当事人的近亲属"的情形,因此,老汤应当回避。

77. 什么是传唤?什么是强制传唤?

普法故事

某工厂发生了一场斗殴。小宫当时在现场,目睹了整个过程,但并没有参与。第二天,公安机关向小宫出具了传唤证。小宫一下子蒙了,他不知道什么是"传唤",便去问工厂的法务。法务说:"被传唤意味着公安机关将你列为违反治安管理行为人,而不是证人。"那么,什么是传唤?什么是强制传唤?

> **法律链接**

《治安管理处罚法》

第九十六条 需要传唤违反治安管理行为人接受调查的,经公安机关办案部门负责人批准,使用传唤证传唤。对现场发现的违反治安管理行为人,人民警察经出示人民警察证,可以口头传唤,但应当在询问笔录中注明。

公安机关应当将传唤的原因和依据告知被传唤人。对无正当理由不接受传唤或者逃避传唤的人,经公安机关办案部门负责人批准,可以强制传唤。

> **一句明了**

传唤,是指公安机关在办理违反治安管理案件时,对不能在现场进行询问、查证的情况,需要通知违反治安管理行为人在规定的时间接受公安机关的询问和查证。强制传唤,是指对无正当理由不接受传唤或者逃避传唤的违反治安管理行为人,经公安机关办案部门负责人批准,依法强制其在规定的时间接受公安机关的询问和查证。小宫虽然没有参与斗殴,自认为不是违反治安管理行为人,但是接到公安机关的传唤后,应按照规定接受询问和查证,也可以证明自己没有实施违法行为;小宫如果不接受传唤,将可能面临强制传唤。

78. 对违反治安管理行为人的询问查证时间是多长?

> **普法故事**

小婷被称为"美妆女王"。其因涉嫌组织传销活动被公安机关传唤。小婷的家人非常关心小婷的情况,特意咨询律师,想了解小婷会在公安机关待多久。那么,对违反治安管理行为人的询问查证时间是多长呢?

> **法律链接**
>
> 《治安管理处罚法》
>
> 第九十七条 对违反治安管理行为人，公安机关传唤后应当及时询问查证，询问查证的时间不得超过八小时；涉案人数众多、违反治安管理行为人身份不明的，询问查证的时间不得超过十二小时；情况复杂，依照本法规定可能适用行政拘留处罚的，询问查证的时间不得超过二十四小时。在执法办案场所询问违反治安管理行为人，应当全程同步录音录像。
>
> 公安机关应当及时将传唤的原因和处所通知被传唤人家属。
>
> 询问查证期间，公安机关应当保证违反治安管理行为人的饮食、必要的休息时间等正当需求。

> **一句明了**
>
> 关于违反治安管理行为人的询问查证时间，主要分为以下三种情况：(1) 一般情况下，询问查证的时间不得超过 8 小时；(2) 涉案人数众多、违反治安管理行为人身份不明的，询问查证的时间不得超过 12 小时；(3) 情况复杂，依照《治安管理处罚法》的规定可能适用行政拘留处罚的，询问查证的时间不得超过 24 小时。

79. 询问不满 18 周岁的违反治安管理行为人时，有哪些特殊的法律程序？

> **普法故事**
>
> 小明（15 周岁）和小亮（19 周岁）都是无人机爱好者。周末，二人相约在高铁站旁边的空旷场地操作无人机。由于操作技术不好，无人机失控飞向高铁站，引发事故。公安机关要对二人进行询问，在程序上是否有所区别？

> **法律链接**

《治安管理处罚法》

第九十八条 询问笔录应当交被询问人核对；对没有阅读能力的，应当向其宣读。记载有遗漏或者差错的，被询问人可以提出补充或者更正。被询问人确认笔录无误后，应当签名、盖章或者按指印，询问的人民警察也应当在笔录上签名。

被询问人要求就被询问事项自行提供书面材料的，应当准许；必要时，人民警察也可以要求被询问人自行书写。

询问不满十八周岁的违反治安管理行为人，应当通知其父母或者其他监护人到场；其父母或者其他监护人不能到场的，也可以通知其他成年亲属，所在学校、单位、居住地基层组织或者未成年人保护组织的代表等合适成年人到场，并将有关情况记录在案。确实无法通知或者通知后未到场的，应当在笔录中注明。

> **一句明了**

在询问小明时，应当通知相关人员到场，以保障未成年人的权利。

80. 被侵害人可以选择被人民警察询问的地点吗？

> **普法故事**

阿丽与阿西是青梅竹马的好朋友。工作后，阿西一直追求阿丽，但是屡遭拒绝。一次醉酒后，阿西将阿丽堵在小巷内实施了猥亵。阿丽向公安机关报案后，公安机关提出去阿丽单位或者家里进行询问。阿丽觉得这是一件丢人的事情，不想让同事和家人知道，于是提出去其他地点接受询问。被侵害人可以选择接受询问的地点吗？

法律链接

《治安管理处罚法》

第九十九条 人民警察询问被侵害人或者其他证人，可以在现场进行，也可以到其所在单位、住处或者其提出的地点进行；必要时，也可以通知其到公安机关提供证言。

人民警察在公安机关以外询问被侵害人或者其他证人，应当出示人民警察证。

询问被侵害人或者其他证人，同时适用本法第九十八条的规定。

一句明了

阿丽是治安管理案件的被侵害人，人民警察对其询问时，既可以在现场进行，也可以到其所在单位、住处或者其提出的地点进行；必要时，也可以通知其到公安机关提供证言。

81. 公安机关对妇女的人身进行检查时，需要遵循哪些规定？

普法故事

小娇的哥哥大桥因涉嫌吸毒及持有毒品被公安机关抓获。大桥供述称，还有少量毒品藏在小娇身上。公安机关立即控制了小娇，并准备对其人身进行检查。小娇对警察说："你们都是男人，不能检查我的身体。"那么，公安机关对妇女的人身进行检查时，需要遵循哪些规定？

法律链接

《治安管理处罚法》

第一百零三条 公安机关对与违反治安管理行为有关的场所或者违反治

安管理行为人的人身、物品可以进行检查。检查时,人民警察不得少于二人,并应当出示人民警察证。

对场所进行检查的,经县级以上人民政府公安机关负责人批准,使用检查证检查;对确有必要立即进行检查的,人民警察经出示人民警察证,可以当场检查,并应当全程同步录音录像。检查公民住所应当出示县级以上人民政府公安机关开具的检查证。

检查妇女的身体,应当由女性工作人员或者医师进行。

一句明了

公安机关根据证据线索认为小娇持有少量毒品,可能违反治安管理,可以对其人身进行检查,但是,应当遵循以下规定:(1)检查时,人民警察不得少于二人,并应当出示人民警察证。(2)应当由女性工作人员或者医师进行。

第二节 决 定

82. 派出所是否有权作出拘留的治安管理处罚决定？

普法故事

小英因参与赌博活动被公安机关抓获。由于涉案赌资较大，情节较为严重，派出所对其作出拘留5日的治安管理处罚决定。小英参加过社区举办的《治安管理处罚法》普法宣传活动，他记得法律规定派出所无权作出拘留的治安管理处罚决定。那么，法律是如何规定的呢？

法律链接

《治安管理处罚法》

第一百零九条 治安管理处罚由县级以上地方人民政府公安机关决定；其中警告、一千元以下的罚款，可以由公安派出所决定。

一句明了

小英的法律知识掌握得还是很好的。派出所确实无权作出拘留的治安管理处罚决定，此类处罚应当由县级以上地方人民政府公安机关决定。

83. 违反治安管理行为人拒绝承认违反治安管理行为的，公安机关能否作出治安管理处罚决定？

普法故事

公安机关接到报案称，有人传播计算机病毒。通过技术侦查手段，公安机关锁定了小熊为病毒的制作、传播者，但是小熊拒绝承认。公安机关掌握的其他证据能够证明案件事实，但是没有小熊本人陈述，公安机关能否作出治安管理处罚决定？

法律链接

《治安管理处罚法》

第一百一十一条 公安机关查处治安案件，对没有本人陈述，但其他证据能够证明案件事实的，可以作出治安管理处罚决定。但是，只有本人陈述，没有其他证据证明的，不能作出治安管理处罚决定。

一句明了

本案中，小熊制作、传播计算机病毒，公安机关通过技术侦查手段已经锁定相关证据，这些证据能够证明案件事实，即使没有小熊本人的陈述，仍然可以认定其违法，对其作出治安管理处罚决定。

84. 只有本人陈述，没有其他证据的，公安机关能否作出治安管理处罚决定？

普法故事

公安机关遇到一起离奇的案件：小伟自称盗窃，要求公安机关拘留他。公安机关进行调查，却无法查到小伟盗窃的证据。后来公安机关经过反复询问得知，小伟课业压力太大，不堪重负，想"躲躲清净"，遂编造了违法事实。人民警察对小伟进行批评教育后将其送回家。小伟本人陈述违法事实，但是没有其他证据，公安机关能否作出治安管理处罚决定？

法律链接

《治安管理处罚法》

第一百一十一条 公安机关查处治安案件，对没有本人陈述，但其他证据能够证明案件事实的，可以作出治安管理处罚决定。但是，只有本人陈述，没有其他证据证明的，不能作出治安管理处罚决定。

一句明了

虽然小伟本人陈述存在盗窃的违反治安管理行为，但是并没有其他证据证明，公安机关不能作出治安管理处罚决定。人民警察通过耐心、细致的工作，终于发现了实情。需要说明的是，谎报警情会浪费警力，也是不合法的，构成违反治安管理行为，行为人会受到相应的治安管理处罚。

85. 公安机关作出治安管理处罚决定前，违反治安管理行为人有哪些权利？

普法故事

公安机关认为小宫参与了一场打架斗殴，但是小宫当时只是恰巧路过，并未参与斗殴。小宫担心公安机关还没有了解实际情况就对他作出治安管理处罚。他想了解，在公安机关作出治安管理处罚决定前，他有哪些权利。

法律链接

《治安管理处罚法》

第一百一十二条 公安机关作出治安管理处罚决定前,应当告知违反治安管理行为人拟作出治安管理处罚的内容及事实、理由、依据,并告知违反治安管理行为人依法享有的权利。

违反治安管理行为人有权陈述和申辩。公安机关必须充分听取违反治安管理行为人的意见,对违反治安管理行为人提出的事实、理由和证据,应当进行复核;违反治安管理行为人提出的事实、理由或者证据成立的,公安机关应当采纳。

违反治安管理行为人不满十八周岁的,还应当依照前两款的规定告知未成年人的父母或者其他监护人,充分听取其意见。

公安机关不得因违反治安管理行为人的陈述、申辩而加重其处罚。

一句明了

公安机关在对小宫作出治安管理处罚决定前,应当告知拟对其作出处罚的内容及事实、理由、依据,并告知其依法享有的权利。小宫可以针对处罚的内容、事实、理由、依据进行陈述和申辩,公安机关必须听取小宫的意见,并进行复核。如果小宫能够提出自己没有参与打架斗殴的事实和证据,公安机关应当采纳。

86. 公安机关对不满18周岁的违反治安管理行为人作出处罚决定前有哪些特殊的法律程序?

普法故事

小高(15周岁)和小庞(18周岁)因偷开他人机动车被公安机关传唤。公安机关已经调查完毕,拟作出治安管理处罚决定。对于小高这样的不满 18 周岁的违反治安管理行为人作出处罚决定前，有哪些特殊的法律程序？

> **法律链接**

《治安管理处罚法》

第一百一十二条 公安机关作出治安管理处罚决定前，应当告知违反治安管理行为人拟作出治安管理处罚的内容及事实、理由、依据，并告知违反治安管理行为人依法享有的权利。

违反治安管理行为人有权陈述和申辩。公安机关必须充分听取违反治安管理行为人的意见，对违反治安管理行为人提出的事实、理由和证据，应当进行复核；违反治安管理行为人提出的事实、理由或者证据成立的，公安机关应当采纳。

违反治安管理行为人不满十八周岁的，还应当依照前两款的规定告知未成年人的父母或者其他监护人，充分听取其意见。

公安机关不得因违反治安管理行为人的陈述、申辩而加重其处罚。

> **一句明了**

公安机关在对小高作出处罚决定前，除应当向小高履行告知义务，还应当告知其父母或者其他监护人，充分听取其意见。

87. 违法事实不能成立的，公安机关应当如何处理？

> **普法故事**

小宫是厂里的技术骨干，马上就要被提拔为副厂长。某天，朋友叫他吃饭，他到现场时朋友正在与人打架，小宫赶紧上前阻止并报警。结果，小宫和朋友都被公安机关作为违反治安管理行为人带回调查。这件事情在厂里传得沸沸扬扬，可能会影响小宫的提拔。

小宫想知道：公安机关调查结束，确认违法事实不能成立后，能不能给他开一个没有违法的证明。那么，违法事实不能成立的，公安机关应当如何处理？

法律链接

《治安管理处罚法》

第一百一十三条　治安案件调查结束后，公安机关应当根据不同情况，分别作出以下处理：

（一）确有依法应当给予治安管理处罚的违法行为的，根据情节轻重及具体情况，作出处罚决定；

（二）依法不予处罚的，或者违法事实不能成立的，作出不予处罚决定；

（三）违法行为已涉嫌犯罪的，移送有关主管机关依法追究刑事责任；

（四）发现违反治安管理行为人有其他违法行为的，在对违反治安管理行为作出处罚决定的同时，通知或者移送有关主管机关处理。

对情节复杂或者重大违法行为给予治安管理处罚，公安机关负责人应当集体讨论决定。

一句明了

小宫并没有违法，公安机关应当作出违法事实不能成立的不予处罚决定。小宫可以以此证明自己的"清白"。

88. 治安案件的被侵害人是否有权获得治安管理处罚决定书？

普法故事

阿毛遛狗不牵狗绳，还一边遛狗一边看手机。梅梅路过的时候被阿毛的狗咬伤，阿毛不仅不道歉，还说梅梅活该。梅梅非常气愤，向公安机关报案。她非常关心案件结果。梅梅想知道，如果阿毛被处以治安管理处罚，自己是否有权获得治安管理处罚决定书。

> **法律链接**

《治安管理处罚法》

第一百一十六条　公安机关应当向被处罚人宣告治安管理处罚决定书，并当场交付被处罚人；无法当场向被处罚人宣告的，应当在二日以内送达被处罚人。决定给予行政拘留处罚的，应当及时通知被处罚人的家属。

有被侵害人的，公安机关应当将决定书送达被侵害人。

> **一句明了**

未对动物采取安全措施，致使动物伤害他人的，属于违反治安管理行为。梅梅被阿毛的狗咬伤，是治安案件的被侵害人，依法有权获得治安管理处罚决定书。

89. 什么情况下，违反治安管理行为人有权要求举行听证？

> **普法故事**

发哥因为伪造公司印章被公安机关调查。公安机关拟对其作出罚款 5000 元的治安管理处罚决定。公安机关告知发哥其有权要求举行听证。发哥想知道，是否所有的治安管理违法案件都要举行听证。

> **法律链接**

《治安管理处罚法》

第一百一十七条　公安机关作出吊销许可证件、处四千元以上罚款的治安管理处罚决定或者采取责令停业整顿措施前，应当告知违反治安管理行为人有权要求举行听证；违反治安管理行为人要求听证的，公安机关应当及时依法举行听证。

对依照本法第二十三条第二款规定可能执行行政拘留的未成年人，公安机

第四章　处罚程序　105

关应当告知未成年人和其监护人有权要求举行听证；未成年人和监护人要求听证的，公安机关应当及时依法举行听证。对未成年人案件的听证不公开举行。

前两款规定以外的案情复杂或者具有重大社会影响的案件，违反治安管理行为人要求听证，公安机关认为必要的，应当及时依法举行听证。

公安机关不得因违反治安管理行为人要求听证而加重其处罚。

一句明了

下列情形下违反治安管理行为人有权要求举行听证：(1) 公安机关作出吊销许可证件、处 4000 元以上罚款的治安管理处罚决定或者采取责令停业整顿措施前；(2) 未成年人可能被执行行政拘留的；(3) 其他案情复杂或者具有重大社会影响的案件。公安机关对发哥作出 5000 元罚款的治安管理处罚决定前，应当告知其有权要求举行听证。

90. 公安机关对未成年人作出行政拘留的治安管理处罚决定前，应当履行何种程序？

普法故事

小云（17 周岁）是高二学生，因为无法排遣学习压力，便想偷东西寻求刺激。某日，他偷了同学小天的手机。小天报警。公安机关因小云不满 18 周岁，且是初次违反治安管理，对其处以 1000 元罚款。两个月后，小云又偷了邻居的自行车。公安机关决定对小云执行拘留的处罚，应当履行何种程序？

法律链接

《治安管理处罚法》

第一百一十七条　公安机关作出吊销许可证件、处四千元以上罚款的治安管理处罚决定或者采取责令停业整顿措施前，应当告知违反治安管理行为人有权要求举行听证；违反治安管理行为人要求听证的，公安机关应当及时依法举行听证。

对依照本法第二十三条第二款规定可能执行行政拘留的未成年人，公安机关应当告知未成年人和其监护人有权要求举行听证；未成年人和其监护人要求听证的，公安机关应当及时依法举行听证。对未成年人案件的听证不公开举行。

前两款规定以外的案情复杂或者具有重大社会影响的案件，违反治安管理行为人要求听证，公安机关认为必要的，应当及时依法举行听证。

公安机关不得因违反治安管理行为人要求听证而加重其处罚。

《行政处罚法》

第六十四条 听证应当依照以下程序组织：

（一）当事人要求听证的，应当在行政机关告知后五日内提出；

（二）行政机关应当在举行听证的七日前，通知当事人及有关人员听证的时间、地点；

（三）除涉及国家秘密、商业秘密或者个人隐私依法予以保密外，听证公开举行；

（四）听证由行政机关指定的非本案调查人员主持；当事人认为主持人与本案有直接利害关系的，有权申请回避；

（五）当事人可以亲自参加听证，也可以委托一至二人代理；

（六）当事人及其代理人无正当理由拒不出席听证或者未经许可中途退出听证的，视为放弃听证权利，行政机关终止听证；

（七）举行听证时，调查人员提出当事人违法的事实、证据和行政处罚建议，当事人进行申辩和质证；

（八）听证应当制作笔录。笔录应当交当事人或者其代理人核对无误后签字或者盖章。当事人或者其代理人拒绝签字或者盖章的，由听证主持人在笔录中注明。

> 一句明了

小云是未成年人，公安机关在对其作出行政拘留的治安管理处罚决定前，应当告知小云和他的监护人有权要求举行听证。小云和他的监护人要求听证的，公安机关应当及时依法举行听证。

91. 公安机关办理治安案件的期限是多长？

> 普法故事

小东的母亲被卷入一起组织传销案件，目前正在接受公安机关调查。与此同时，小东刚通过公务员考试的面试，即将进入政审环节。小东想知道，母亲的案件什么时候能办理结束？

> 法律链接

《治安管理处罚法》

第一百一十八条 公安机关办理治安案件的期限，自立案之日起不得超过三十日；案情重大、复杂的，经上一级公安机关批准，可以延长三十日。期限延长以二次为限。公安派出所办理的案件需要延长期限的，由所属公安机关批准。

为了查明案情进行鉴定的期间、听证的期间，不计入办理治安案件的期限。

> 一句明了

公安机关办理治安案件的期限如下：(1)一般情况下，自立案之日起不得超过 30 日；(2)案情重大、复杂的，经上一级公安机关批准，可以延长 30 日。期限延长以 2 次为限。需要说明的是，为了查明案情进行鉴定、听证的期间，不计入办理治安案件的期限。小东可以按照上述规则估算其母亲案件办理的期限。

92. 治安管理处罚决定可以当场作出吗？

普法故事

有小区居民举报苟先生违规饲养烈性犬藏獒。警察前往小区调查时正好碰到苟先生牵着藏獒散步，于是当场对苟先生作出警告的治安管理处罚。苟先生认为公安机关当场作出治安管理处罚决定过于草率。那么，治安管理处罚决定可以当场作出吗？

法律链接

《治安管理处罚法》

第一百一十九条 违反治安管理行为事实清楚，证据确凿，处警告或者五百元以下罚款的，可以当场作出治安管理处罚决定。

一句明了

警察经现场调查，确认苟先生饲养烈性犬的事实清楚，证据确凿。公安机关依法对苟先生作出警告处罚。该处罚符合当场作出治安管理处罚决定的法定条件，程序合法。

93. 对公安机关作出的治安管理处罚决定不服的，有哪些途径维护自己的权利？

普法故事

阿炳因为私自开拆他人快件被公安机关予以警告处罚。阿炳觉得非常委屈：虽然他是拆了他人的快件，但那是因为他不小心拿错了，而且拆的时候没有仔细核实信息；虽然他没有及时退还，但那是因为他在等快件主人主动来找他，他觉得自己没有义务送回。阿炳对治安管理处罚决定不服，有哪些途径维护自己的权利？

法律链接

《治安管理处罚法》

第一百二十一条　被处罚人、被侵害人对公安机关依照本法规定作出的治安管理处罚决定，作出的收缴、追缴决定，或者采取的有关限制性、禁止性措施等不服的，可以依法申请行政复议或者提起行政诉讼。

一句明了

阿炳作为被处罚人，对公安机关依照《治安管理处罚法》的规定作出的治安管理处罚决定不服，可以选择申请行政复议，或者选择提起行政诉讼。

第三节 执 行

94. 行政拘留在哪里执行？

普法故事

小秦酒后打伤他人，因怕受到治安管理处罚，逃到邻省的姥姥家"避避风头"，后被公安机关在姥姥家抓获。姥姥担心小秦受苦，抓住警察的手，哭着说："你们要把他关到哪里啊？要是在俺们这儿，俺还能给他送点儿吃的呀！要是关到远地方，俺都照顾不了他呀！"那么，行政拘留在哪里执行呢？

法律链接

《治安管理处罚法》

第一百二十二条　对被决定给予行政拘留处罚的人，由作出决定的公安机关送拘留所执行；执行期满，拘留所应当按时解除拘留，发给解除拘留证明书。

被决定给予行政拘留处罚的人在异地被抓获或者有其他有必要在异地拘留所执行情形的，经异地拘留所主管公安机关批准，可以在异地执行。

一句明了

小秦在异地被抓获，对其行政拘留的执行有两种情况：(1) 由作出行政拘留处罚决定的公安机关送拘留所执行。(2) 经异地拘留所主管公安机关批准，可以在异地执行。

95. 受到罚款处罚的人如何缴纳罚款？

普法故事

小陶因故意损坏国家保护的文物，被公安机关处以 500 元罚款。小陶当场表示悔过，保证再也不做类似的事情了。为了表示自己态度良好，痛改前非，他当场掏出 500 元现金，想要交给警察。小陶可以这样做吗？受到罚款处罚的人如何缴纳罚款？

法律链接

《治安管理处罚法》

第一百二十三条　受到罚款处罚的人应当自收到处罚决定书之日起十五日以内，到指定的银行或者通过电子支付系统缴纳罚款。但是，有下列情形之一的，人民警察可以当场收缴罚款：

（一）被处二百元以下罚款，被处罚人对罚款无异议的；

（二）在边远、水上、交通不便地区，旅客列车上或者口岸，公安机关及其人民警察依照本法的规定作出罚款决定后，被处罚人到指定的银行或者通过电子支付系统缴纳罚款确有困难，经被处罚人提出的；

（三）被处罚人在当地没有固定住所，不当场收缴事后难以执行的。

一句明了

小陶应当在收到处罚决定书之日起 15 日以内到指定的银行或者通过电子支付系统缴纳罚款。

96. 被处罚人即将参加高考，是否可以暂缓执行行政拘留？

普法故事

高考前一天，小袁前往考场熟悉环境。考场门口挤满了考生，小袁不小心踩了小方的脚。小方辱骂并推搡小袁,小袁动手打伤小方。公安机关决定对小袁处以行政拘留处罚。小袁非常后悔,恳请公安机关暂缓执行行政拘留,允许他先去考试。这种情况下,可以暂缓执行行政拘留吗?

法律链接

《治安管理处罚法》

第一百二十六条 被处罚人不服行政拘留处罚决定,申请行政复议、提起行政诉讼的,遇有参加升学考试、子女出生或者近亲属病危、死亡等情形的,可以向公安机关提出暂缓执行行政拘留的申请。公安机关认为暂缓执行行政拘留不致发生社会危险的,由被处罚人或者其近亲属提出符合本法第一百二十七条规定条件的担保人,或者按每日行政拘留二百元的标准交纳保证金,行政拘留的处罚决定暂缓执行。

正在被执行行政拘留处罚的人遇有参加升学考试、子女出生或者近亲属病危、死亡等情形,被拘留人或者其近亲属申请出所的,由公安机关依照前款规定执行。被拘留人出所的时间不计入拘留期限。

一句明了

小袁即将参加高考,可以向公安机关提出暂缓执行行政拘留的申请。公安机关认为暂缓执行行政拘留不致发生社会危险的,由被处罚人或者其近亲属提出符合法定条件的担保人,或者按每日行政拘留200元的标准交纳保证金,行政拘留的处罚决定暂缓执行。小袁在提出担保人或者交纳保证金之后,可以暂缓执行行政拘留,先参加高考。

第五章
执法监督

97. 人民警察在办理治安案件过程中有违法违纪行为的，围观群众有权向相关部门检举吗？

普法故事

凌晨 1 点，在一家烧烤店，两桌喝醉酒的客人不知为什么打了起来，有人拨打"110"报了警。警察赶到后控制住了两伙人。店老板看到警察老宁打了一通电话，很快一辆车将一个被控制的瘦小男子带走。店老板恰巧知道，瘦小男子外号"猴子"，是老宁的外甥。店老板觉得老宁故意放走外甥，知法犯法，出于正义感就向公安机关检举了老宁。那么，围观群众有权向相关部门检举吗？

法律链接

《治安管理处罚法》

第一百三十三条　公安机关及其人民警察办理治安案件，应当自觉接受社会和公民的监督。

公安机关及其人民警察办理治安案件，不严格执法或者有违法违纪行为的，任何单位和个人都有权向公安机关或者人民检察院、监察机关检举、控告；收到检举、控告的机关，应当依据职责及时处理。

一句明了

任何单位和个人都有权向公安机关或者人民检察院、监察机关检举、控告。老宁作为人民警察，在办理治安案件过程中，应当自觉接受社会和公民的监督。老宁徇私枉法；店老板目睹了事情的经过，有权向公安机关检举。

98. 被处罚人是公职人员的，公安机关应当如何处理？

普法故事

公安机关在查处一起嫖娼案件时，发现被处罚人于某某是某教育局副局长。于某某向办案民警求情："我是初次嫖娼，而且未遂，情节较轻，按照法律规定，'处五日以下拘留或者一千元以下罚款'，请手下留情，不要拘留我，只罚款就好了，更不要让我的单位知道这件事。"对此，公安机关应当如何处理？

法律链接

《治安管理处罚法》

第一百三十四条 公安机关作出治安管理处罚决定，发现被处罚人是公职人员，依照《中华人民共和国公职人员政务处分法》的规定需要给予政务处分的，应当依照有关规定及时通报监察机关等有关单位。

一句明了

于某某身为公职人员，知法犯法，对其治安管理违法行为，公安机关应当依法处理，同时，应当依照有关规定及时通报监察机关等有关单位。

99. 违反治安管理时不满18周岁的人，其违反治安管理的记录会被公开吗？

普法故事

小军（17周岁）学习成绩一直非常好，但因替好哥们儿打抱不平而打架被公安机关依法予以治安管理处罚。小军明年要参加高考,他担心违反治安管理的记录会影响其被好大学录取。那么,小军违反治安管理的记录会被公开吗?

法律链接

《治安管理处罚法》

第一百三十六条 违反治安管理的记录应当予以封存,不得向任何单位和个人提供或者公开,但有关国家机关为办案需要或者有关单位根据国家规定进行查询的除外。依法进行查询的单位,应当对被封存的违法记录的情况予以保密。

《刑事诉讼法》

第二百八十六条 犯罪的时候不满十八周岁,被判处五年有期徒刑以下刑罚的,应当对相关犯罪记录予以封存。

犯罪记录被封存的,不得向任何单位和个人提供,但司法机关为办案需要或者有关单位根据国家规定进行查询的除外。依法进行查询的单位,应当对被封存的犯罪记录的情况予以保密。

一句明了

无论违反治安管理行为人是否已满18周岁,其违反治安管理的记录都应当被封存,除有关国家机关为办案需要或者有关单位根据国家规定进行查询外,公安机关不得向任何单位和个人提供或者公开。即使是依法进行查询的单位,也应当对被封存的违法记录的情况予以保密。此外,根据《刑事诉讼法》的规定,不满18周岁的人犯罪,被判处5年有期徒刑以下刑罚的,犯罪记录也应当被封存。

第六章

附 则

100. 对《治安管理处罚法》修订之前实施的行为，修订之前的法律未明确规定，修订之后的法律规定属于违反治安管理行为的，是否要予以处罚？

普法故事

小杨是一名无人机爱好者，常与小牛、小马等人一起飞行无人机。某天，他从小马口中得知，小牛因为在禁飞区飞行无人机被公安机关拘留。小杨这才知道，《治安管理处罚法》于 2025 年 6 月 27 日修订，自 2026 年 1 月 1 日起正式实施。根据新修订的《治安管理处罚法》，在禁飞区飞行无人机属于违反治安管理行为，要受到治安管理处罚。想起自己在两个月前（新修订的《治安管理处罚法》当时未正式实施）也曾有相同行为，小杨想知道，如果被公安机关发现，自己是否也会受到处罚。

法律链接

《治安管理处罚法》

第四十六条 违反有关法律法规关于飞行空域管理规定，飞行民用无人驾驶航空器、航空运动器材，或者升放无人驾驶自由气球、系留气球等升空物体，情节较重的，处五日以上十日以下拘留。

飞行、升放前款规定的物体非法穿越国（边）境的，处十日以上十五日以下拘留。

第一百四十四条 本法自 2026 年 1 月 1 日起施行。

一句明了

小杨在禁飞区飞行无人机的行为发生在2025年6月27日修订的《治安管理处罚法》正式实施之前，应当依据修订前的法律判断该行为是否违法。修订前的法律未规定在禁飞区飞行无人机属于违反治安管理行为，故该行为不属于违法行为，小杨不应受到治安管理处罚。